SMOOTHIES

Gesunde Rezepte
zum Selbstmachen

INHALT

VORWORT

„Fünf pro Tag" lautet die goldene Regel der Ernährung. Umgerechnet sind das mindestens 400 Gramm Gemüse und 250 Gramm Obst, die wir auf unserem täglichen Speiseplan haben sollten. Ein guter, bekannter und gewiss gesunder Rat. Doch wie sieht es in der Praxis aus? Wer hat schon noch Zeit, um sich mittags eine Portion Gemüse zu kochen? Wann soll man all das frische Grünzeug einkaufen? Und ganz ehrlich: Ein schnelles Brötchen auf die Hand ist oft nicht nur praktischer, sondern irgendwie auch verlockender. Jedenfalls war es das bis jetzt. Obst und Gemüse haben sich nämlich mit einem simplen Trick ihren Platz auf unseren Speiseplänen zurückerobert. Wie sie das geschafft haben? Indem sie ihren Aggregatzustand geändert haben. Statt auf dem Teller kommen sie nämlich heute im Glas. Als samtig weicher Drink sind sie nicht nur handlicher, sondern auch aufregender geworden. Exotische Geschmackskombinationen, die ein angenehmes, aber nicht schweres Gefühl der Sättigung erzeugen, dabei praktisch sind und obendrein auch noch absolut im Trend liegen: Das ist Gesundheit in ihrer modernsten Form. Als „Soft Health" (englisch für „Sanfte Gesundheit") bezeichnen Experten diesen Trend; ein Phänomen, das Ernährungsbewusstsein mit Genuss zu verbinden weiß. Denn Smoothies haben keinesfalls nur den Anspruch, gesund zu sein. Sie wollen auch schmecken. Und das sogar so gut, dass inzwischen Sterne-Köche auf den Geschmack der pürierten Vitaminbomben gekommen sind. Gemischte Variationen aus Gemüse, Kräutern, Obst und Gewürzen werden dabei nicht nur als gesunder Cocktail angeboten. Sie ersetzen in trendigen Restaurants teilweise sogar schwere Bratensoßen. Smoothies in allen Variationen sind also absolut auf dem Vormarsch. Allein das ist Grund genug, sich an die trendigen Gesundheitssäfte heranzutasten. Mixen auch Sie mit. „Fünf pro Tag" wird ab sofort zum genussvollen Kinderspiel.

Smoothies – lecker & gesund

Von den Natur abgeschaut

Als Erfinderin des Smoothie gilt die russischstämmige Amerikanerin Victoria Boutenko. Victorias Familie litt unter Übergewicht und gesundheitlichen Problemen wie Diabetes und Herz-Kreislauf-Beschwerden. Nachdem keine Diät anschlug und auch die Schulmedizin an ihre Grenzen kam, begann Victoria, sich Gedanken über das Wohl ihrer Lieben zu machen. Sie kam dabei auf den Vergleich mit Affen. Unsere nächsten Verwandten haben immerhin zu knapp 99 Prozent das gleiche genetische Material wie wir Menschen. Nur leiden wild lebende Affen nicht unter Übergewicht oder typischen Zivilisationskrankheiten. Victorias Erklärung für diesen gesundheitlichen Vorsprung der Tiere fand sie in deren Ernährung. Affen ernähren sich ausschließlich von Obst, Gemüse, Blättern und Gräsern. Und Rohkost ist dafür bekannt, ein guter Lieferant für Vitamine und Ballaststoffe zu sein. Affen lieben diese Art der Ernährung und haben einen Trick gefunden, wie sie ihren Speiseplan besonders schmackhaft gestalten. Ähnlich wie wir Menschen wollen nämlich auch sie nicht auf kulinarischen Genuss verzichten. Victoria beobachtete bei den Tieren, dass sie ihr Gemüse immer gemeinsam mit einem süßen Stück Obst aßen. Beispielsweise umwickeln Affen liebend gern Bananen mit grünen Blättern, ehe sie sie essen. Geboren war die Idee für leckere Gesundheit: Eine Kombination aus Gemüse und Obst, die dann noch in einem Mixer zu einer samtigen Konsistenz verarbeitet wird und so ein Geschmackserlebnis der vollkommen neuen Art erzeugt. Victorias Familie integrierte die neu erfundenen Smoothies fortan in ihren Speiseplan. Und siehe da: Das allgemeine Wohlgefühl ist seitdem deutlich gestiegen. Einige Krankheiten konnten durch den Gesundheitstrunk zwar nicht geheilt werden, dennoch fühlen sich Victoria und ihre Familie heute insgesamt fitter. Sie haben an Gewicht verloren und können ihre Traummaße leicht halten. Das Beispiel der Familie war es, das den Grundstein für eine ganze Trendwelle aus Flüssig-Rohkost gelegt hat.

Das Smoothie-Prinzip

Der Name „Smoothie" stammt aus dem Englischen. Aus dem Wort „smooth" ab-geleitet, bedeutet es so viel wie glatt, samtig oder flüssig, womit die Konsistenz des Mixgetränks beschrieben werden soll. Smoothies sind dickflüssiger als Säfte, müssen aber nicht gekaut werden. Durch ihre festere Konsistenz sättigen sie besser als reiner Flüssigsaft. Und auch in ihrer Zusammensetzung und ihrem Geschmack sind sie ihren flüssigen Kollegen einiges voraus. In Smoothies ist nämlich so ziem-lich alles erlaubt, was schmeckt und gesund ist. Es gibt dabei reine Obst-Smoothies, bei denen unterschiedliche Fruchtsorten miteinander kombiniert werden, aber auch Gemüse-Smoothies, bei denen Gemüsesorten mit vermengt werden. Einige Smoothie-Freunde mischen sich außerdem noch Gewürze oder Kräuter in ihr kreati-ves Gesundheitsgetränk. Denn wie gesagt: Erlaubt ist, was schmeckt!
Im Unterschied zum Saft ist der Smoothie nicht als Getränk zu verstehen. Er soll viel-mehr eine Mahlzeit ersetzen oder als Snack dienen. Der Grund dafür liegt in seiner vergleichsweise hohen Sättigung und nicht zu unterschätzenden Kalorienanzahl.

Gekauft contra selbst gemacht

Smoothies liegen dermaßen im Trend, dass man sie nicht mal selbst mischen muss. Supermärkte und Bioläden bieten fix und fertiges Pürier-Obst und -Gemüse an. Die Auswahl ist riesig und der Geschmack in der Regel köstlich. Doch Vorsicht: Leider ist hier nicht immer alles Gold, was glänzt. Wer das Kleingedruckte der Zutatenliste genauer liest, wird feststellen, dass in Fertig-Smoothies nicht nur reine Rohkost verar-beitet ist, sondern auch Zugaben wie Zucker, Konservierungsstoffe, Geschmacksstoffe oder Fruchtsäfte keine Seltenheit sind. Viele Fertig-Drinks unterlaufen bei ihrer Verar-beitung zudem einem Erhitzungsprozess, bei dem wertvolle Vitamine verloren gehen. Wer sich einen fertigen Drink kaufen möchte, sollte also unbedingt die Zutatenliste studieren, um sicherzugehen, dass er auch wirklich das bekommt, was er sich wünscht. Nicht alle Fertigprodukte sind minderer Qualität. Trotzdem kann man sich wohl nur bei einem selbst gemischten Smoothie ganz sicher sein, was drin ist. Und was nicht!

Die Kraft der Smoothies

Natürlich sind Smoothies unheimlich aufregende Geschmackserlebnisse, die praktisch und schnell in den Alltag integriert werden können. Doch das allein ist noch nicht der Clou der Mischgetränke. Bei echten Smoothie-Anhängern steht der gesundheitliche Effekt im Vordergrund. Tatsächlich steckt nämlich eine Menge Benefit in dem Pürier-Trunk:

Vitaminbombe: Dass Obst und Gemüse voll von Vitaminen sind, ist keine neue Information. Viele wissen aber nicht, welche enorme Vielzahl weiterer wichtiger Nährstoffe in Smoothies stecken. So sind Obst und Gemüse beispielsweise reich an Ballaststoffen, sekundären Pflanzenstoffen, Antioxidantien, Spurenelementen, Kohlenhydraten und Proteinen. Eigentlich sind alle Vitalstoffe, die ein gesunder Körper braucht, in Obst und Gemüse enthalten. Natürlich ist der jeweilige Anteil dieser Gesundheitshelfer sortenabhängig; im Grundsatz sichert eine ausgewogene Zusammenstellung und regelmäßiger Verzehr aber die Versorgung mit allem, was der Organismus an Vitalstoffen benötigt.

Drink für den Darm: Welche Wichtigkeit die Darmgesundheit auf das allgemeine Wohlbefinden hat, ist inzwischen hinlänglich bekannt. Welchen Nutzen dabei Smoothies – vor allem grüne Smoothies – haben, wissen hingegen nur die wenigsten. Der hohe Gehalt an Ballaststoffen ist es, der das Mischgetränk besonders darmfreundlich werden lässt. Unter dem Mikroskop betrachtet, sehen Ballaststoffe nämlich aus wie kleine Schwämmchen. Und genau so verhalten sie sich auch in unserem Körper: Sie putzen durch das Verdauungssystem, nehmen dabei Giftstoffe auf, die dem Darm schaden können, und transportieren sie aus dem Körper hinaus. Vor allem bei regelmäßigem Verzehr grüner Smoothies stabilisiert sich die Darmflora derart, dass Fäulnisbakterien keine Chance haben, Blähungen reduziert werden und ein regelmäßiger Stuhlgang gefördert wird. Anders als bei Säften, wird bei einem Smoothie nicht allein die Flüssigkeit aus dem Obst und Gemüse gewonnen, sondern eben auch das Pflanzenmaterial, die Schale, teilweise sogar die Stängel und Kerne verwendet. Damit haben sie einen wesentlich höheren Ballaststoffgehalt als Säfte.

Gut, besser, basisch: Entgegen der alten Volksweisheit macht sauer im gesundheitlichen Sinne leider nicht lustig. Sogar das Gegenteil ist der Fall: Ein übersäuerter Körper ist anfällig für Müdigkeit, brüchige Nägel, Übergewicht, Arthrose, Nierenleiden, aber auch für eine verringerte Knochendichte und sogar Stimmungsschwankungen. Durch ihren hohen Basenanteil gebieten Smoothies dieser Übersäuerung Einhalt. Kleiner Tipp: Lassen Sie sich nicht täuschen. Über den Geschmack können keine Rückschlüsse auf den Säure-Basen-Gehalt einer Obst- oder Gemüsesorte geschlossen werden. Zitronen sind beispielsweise enorm basisch. Die meisten Obst- und Gemüsesorten sind basisch; unabhängig davon, wie sie schmecken.

Flüssiger Energieschub: Smoothie-Fans lieben ihr Mix-Getränk auch wegen der schnellen Energie, die es ihnen schenkt. Beim Konzentrationstief zwischendurch wecken die sämigen Säfte die Lebensgeister im Nu wieder auf, ohne den Körper danach in die typische Insulinfalle tappen zu lassen. Im Gegensatz zu Snacks mit raffiniertem Zucker enthalten Smoothies Fruchtzucker. Dieser unterscheidet sich in seinem Kaloriengehalt zwar kaum von Fabrikzucker; er wird im Körper jedoch etwas nachhaltiger verwertet. Zudem wirken Smoothies kaum belastend auf das Verdauungssystem, sodass das typische Tief und die Müdigkeit, die man nach sonstigen süßen Snacks oft spürt, ausbleiben.

Flüssige Entgiftung: Obst und Gemüse sind die wichtigsten Träger von sekundären Pflanzenstoffen sowie Antioxidantien. Oxidantien kennt man auch unter dem Namen „freie Radikale". Es handelt sich um instabile und hoch reaktive Moleküle, die in der Umwelt und innerhalb des Organismus gebildet werden. In ihrem Entstehungsprozess oxidieren freie Radikale und bedingen dabei sogenannten zellulären Stress. Die freien Radikale greifen körperliche Zellen an, zerstören Membranen, ernähren sich aus ihnen und beschädigen schlimmstenfalls sogar die zelluläre DNA. Wenn diese Oxidantien nicht stabilisiert oder gestoppt werden, verschlechtert sich der Zustand der Zellen drastisch. Muskelabbau, Schlaffheit und müde Haut sind dabei nur die geringsten Übel. Zum Glück verfügt der Körper über ein eigenes Abwehrsystem für solche Oxidantien-Übergriffe. Antioxidantien nennt man die Substanzen, die Oxidantien daran hindern, sich im Körper zu bilden und zu

vermehren. Doch besonders in Situationen, in denen der Körper auf andere Weise gefordert ist (z. B. durch Sport, Umweltbelastungen oder psychischen Stress), ist die antioxidative Abwehr echte Schwerstarbeit für den Organismus. Die äußerliche Zufuhr von Antioxidantien wirkt in solchen Fällen entlastend. Sie ist nützlich, um stressbedingten Engpässen vorzubeugen und um Reparatur- und Abwehrpotenziale des Organismus zu erhöhen. Smoothies sind durch ihren hohen antioxidativen Anteil daher einer der besten Radikale-Fänger.

Chlorophyll: Der grüne Power-Stoff

Als die ultimativen Gesundheits-Drinks unter den Smoothies gelten die grünen Varianten der Mischgetränke. Bei ihnen kommt nicht nur Obst, sondern vor allem auch Gemüse und viel Blattgrün in den Mixer. Im besten Fall macht der Anteil von Blattgrün dabei bis zu 60 Prozent des Smoothies aus. Der besondere gesundheitliche Nutzen, der sich aus den grünen Smoothies ableiten lässt, ist dem Pflanzenfarbstoff Chlorophyll geschuldet. Er ist es, der nicht nur unseren Pflanzen, Salaten und Gemüse seine leuchtend grüne Farbe schenkt, sondern eben auch unserem Smoothie. Chlorophyll wird dadurch erzeugt, dass Sonnenlicht in einem komplexen Prozess auf die chemischen Vorgänge in den Pflanzen einwirkt. Gebildet wird es in der sogenannten Fotosynthese aus der Verarbeitung von Sonnenlicht mit Sauerstoff und Kohlendioxid. Dabei entstehen Nährstoffe, die nicht nur für das Wachstum der Pflanze wichtig sind, sondern auch für den Menschen einen enormen gesundheitlichen Nutzen haben. So ist Chorophyll in seiner chemischen Struktur dem menschlichen Blutfarbstoff Hämoglobin ähnlich. Anstatt Eisen enthält es zwar Magnesium; aber auch dieser Vitalstoff ist für die menschliche Blutbildung unerlässlich. Zudem treibt der grüne Pflanzenstoff den Sauerstoffgehalt im Körper in die Höhe. Bekannt ist auch, dass Chlorophyll giftige Schwermetalle (z. B. Blei oder Quecksilber) aus dem Körper entfernen kann. Pflanzengrün ist damit eine der unschlagbarsten Gesundheitswaffen, die wir auf unserem Speiseplan setzen können, es im Alltag aber leider viel zu selten tun. Genau hierbei können die grünen Smoothies nun wieder punkten. Es gibt wohl kaum einen einfacheren, schnelleren und gehaltvolleren Weg, um die grünen Powerstoffe zu sich zu nehmen, als in einem köstlichen Mischgetränk. Bei der Aufnahme von Chorophyll gilt dabei übrigens eine einfache Formel: Je dunkler die Pflanze ist, desto höher ist ihr Gehalt an Pflanzengrün. Grünkohl, Blattsalat, Brennnessel, Spinat oder Petersilie sind beispielsweise besonders wertvolle Chlorophyll-Lieferanten.

Gut gemixt ist halb gewonnen

Gemüse und Obst sind gesund. Das weiß jeder. Und natürlich kann man seinen täglichen Bedarf dieser Vitalstoffe auch damit decken, dass man sie in der klassischen Variante, also auf dem Teller serviert. Theoretisch muss man sein Obst und Gemüse nicht mixen, um sich gesund zu ernähren. Neben geschmacklichen und praktischen Erwägungen gibt es allerdings noch einen weiteren Grund, weshalb es sich lohnt, zum Mixer zu greifen. Manche sekundäre Pflanzenstoffe wie beispielsweise das Beta-Carotin aus Karotten, Kürbis oder Süßkartoffeln, Lycopin aus Tomaten oder eben auch das wertvolle Chlorophyll aus dem Grün der Pflanze sind von kleinen, aber sehr festen Zellmembranen umschlossen. Zum Schutz vor Fressfeinden (wie auch der Mensch es ist) sind sie in diesem sicheren Kokon eingekapselt und werden nur freigesetzt, wenn dieser Mantel aufgebrochen wird. Ernährungsexperten empfehlen daher ein gründliches Kauen jeder Mahlzeit nicht nur deswegen, weil dadurch verdauungsfördernde Prozesse in Gang gesetzt werden. Sondern vor allem auch, um die besagten wertvollen Pflanzenessenzen freizusetzen. Tatsächlich gibt es nun aber Studien, die behaupten, dass man eine noch größere Freisetzung dieser Pflanzenstoffe erreicht, wenn die Nahrung nicht gekaut, sondern püriert wird. Selbst nach gründlichem Kauen haben die Speisestücke nämlich noch immer eine Größe von etwa 2 Millimeter oder größer. Die darin enthaltenen Pflanzenzellen sind jedoch oft kleiner als 0,1 Millimeter, weshalb ein Großteil des gesundheitlichen Potenzials weitgehend ungenutzt bleibt. Durch den Prozess des Mixens hingegen erreicht man einen wesentlich höheren Zerkleinerungsgrad der Pflanzenfasern und damit eine optimalere Ausschöpfung der enthaltenen Nährstoffe. Beispielsweise werden beim Kauen von 100 Gramm Spinat nicht mehr als 50 Milligramm Chlorophyll freigesetzt. Mixt man die gleiche Menge Spinat, kann man einen freigesetzten Chlorophyllgehalt von bis zu 98 Milligramm erreichen. Aus der gleichen Menge an Obst und Gemüse kann man also fast die doppelte Menge an Nährstoffen ausbeuten, wenn man die Nahrungsmittel nicht nur kaut, sondern mixt. Gerade diese enorme Nährstoffausbeute ist es, die Smoothies bei Gesundheitsfreunden so dermaßen beliebt macht. Je samtiger der Smoothie dabei ist, desto köstlicher schmeckt er nicht nur, sondern desto nährstoffreicher ist er auch.

Smoothies für die schlanke Linie

Natürlich werden Smoothies auch immer wieder im Rahmen von Diäten und Schlankheitskuren empfohlen. Und zwar durchaus zu Recht. Smoothies sind gesund und sättigend. Zudem enthalten sie wichtige Nährstoffe, Proteine, Kohlenhydrate und Fette, die der Körper gerade während einer Schlankheitskur braucht. Allerdings gilt der Abnehm-Nutzen von pürierter Rohkost nicht uneingeschränkt. Vor allem bei rein süßen Smoothies aus Obst ist der hohe Zuckeranteil nicht zu unterschätzen. Natürlich ist der liebliche Geschmack gesunder Obst-Smoothies ein besonderer Genuss, jedoch bleibt der recht hohe Kaloriengehalt nicht unbemerkt auf der Waage. Während einer Schlankheitskur sollte der Obstanteil im Smoothie daher möglichst klein gehalten werden. Außerdem sollte man den Smoothie in dieser Phase unbedingt als eine vollwertige Mahlzeit und nicht als reinen Snack verstehen. Idealerweise ersetzt man während einer Diät eine Hauptmahlzeit durch ein Gemüse-Mischgetränk. Langfristig gesehen erhöht man damit seine tägliche Vitalstoffaufnahme, während man seine Kalorienzufuhr reduziert.

Doch Vorsicht: Besonders im Hinblick auf Diäten gibt es aber auch kritische Stimmen zum Verzehr von Smoothies. So wird insbesondere davor gewarnt, dass der Gehalt an Proteinen, Fetten und Kohlenhydraten in den Obst- und Gemüse-Mixturen allein nicht ausreicht, um den täglichen Bedarf des Körpers zu decken. Der zusätzliche Verzehr von Fleisch, Eiern, Getreide oder Milchprodukten sei unverzichtbar, um keine Mangelerscheinungen zu riskieren. Grundsätzlich ist eine ausgewogene Ernährung wohl ohnehin die beste Methode, um fit, schlank und gesund zu bleiben. Wer sich zu

einseitig ernährt, riskiert einen Nährstoffmangel. Diese Gefahr kann selbst bei einem übermäßigem Verzehr von sonst so gesunden Smoothies nicht ausgeschlossen werden. Wer es aber nicht übertreibt und eine reine Smoothie-Kur nur über wenige Tage vollzieht und/oder mittelfristig lediglich eine der drei Hauptmahlzeiten durch die flüssige Rohkost ersetzt, wird jedoch mehr profitieren, als Schaden nehmen. Wer dennoch auf Nummer sicher gehen will, sollte sich mit einem Ernährungsberater oder Arzt abstimmen. Eine solche Beratung ist vor allem dann sinnvoll, wenn man besonders viel Gewicht verlieren möchte oder in gesundheitlicher Weise vorbelastet ist.

Vorsicht: Grüne Gesundheitsfalle?

Obwohl die Fangemeinde der sämigen Trend-Getränke groß ist, gibt es durchaus auch einige Kritiker, die in dem gemixten Obst und Gemüse gesundheitliche Gefahren sehen. In erster Linie ist es der erwähnte hohe Zuckergehalt, der kritisiert wird. Wie beschrieben, ist diese Kritik keinesfalls unberechtigt. Vor allem reine Obst-Smoothies sind kleine Zuckerbomben. Umgehen lässt sich dieses Problem jedoch durch eine andere Gewichtung des Mischverhältnisses. Je mehr Gemüse und je weniger Obst im Smoothie verarbeitet wird, desto geringer ist der Zuckeranteil und desto höher sind die Anteile von wichtigen Vitaminen und Ballaststoffen. Zudem sehen Kritiker eine Gefahr in dem vermeintlich hohen Gehalt von Oxalsäure in Smoothies. Oxalsäure ist vor allem in Spinat, Roter Bete oder Rhabarber enthalten und trägt zur Bildung von Nierensteinen bei. Jedoch besteht diese Gefahr nicht grundsätzlich, sondern nur dann, wenn Oxalsäure in besonders großen Mengen konsumiert wird. Bedenklich wird es wohl erst, wenn man über Wochen nichts anderes als reine Spinat-Smoothies zu sich nehmen würde. In einem gesunden Mischverhältnis und bei einer empfohlenen Tagesmenge von einem Smoothie ist die Gefahr aber denkbar gering. Wer dennoch Bedenken hat oder vielleicht sogar zur Bildung von Nierensteinen neigt, hält am besten Rücksprache mit einem Arzt. Sicher ist schließlich sicher.

SMOOTHIES MIT OBST

ERDBEER-SMOOTHIE

Zutaten für 4 Portionen

350 g Erdbeeren
1 Banane
500 ml Orangensaft
1 EL Honig

Zubereitungszeit ca. 15 Min.

1. Erdbeeren waschen, putzen und trocken tupfen. Banane schälen und klein schneiden. In den Mixer geben, Orangensaft und Honig zufügen und alles gut pürieren. Wer es lieber eisig mag, kann Eiswürfel oder Crushed Ice mitmixen.

2. In Gläser füllen und mit Trinkhalm genießen.

INFO

Die aromatischen roten Früchte sind mit rund 32 Kilokalorien pro hundert Gramm gut für die schlanke Linie. Zudem stecken sie voller Ballaststoffe, Vitamine und Mineralien. Zusammen mit Bananen ergibt das ein echtes Powerpaket, denn auch die Banane ist reich an Kalium, Magnesium und Vitamin B6.

LITSCHI-SMOOTHIE MIT KIWI

Zutaten für 1 Portion

4 Kiwis
1 Banane
8 Litschis
2 Orangen
evtl. etwas Honig
evtl. etwas Zitronensaft

Zubereitungszeit ca. 10 Min.

1. Kiwis schälen und klein schneiden. Banane schälen und in Scheiben schneiden. Litschis schälen, halbieren und Kerne entfernen. Orangen halbieren und auspressen.

2. Früchte mit dem Orangensaft pürieren und eventuell entweder mit Honig oder mit Zitronensaft abschmecken, je nachdem wie süß oder sauer man den Smoothie möchte. In ein gut gekühltes Glas geben und genießen.

INFO

Mit ihrem süß-säuerlichen Geschmack passen Litschis hervorragend in diesen Smoothie. Beim Einkauf sollten Sie darauf achten, dass die Schale rotbraun, spröde und leicht zu brechen ist. Dann ist die Litschi reif.

EXOTIK-SMOOTHIE MIT MANGO

Zutaten für 2 Portionen

1 Mango
½ Ananas
1 Banane
Saft von 1 Orange
1 EL Kokosmilch

Zubereitungszeit ca. 10 Min.

1. Mango schälen, halbieren und entkernen. Ananas schälen, Strunk heraus-schneiden und würfeln. Banane schälen und klein schneiden.

2. Zusammen mit Orangensaft und Kokosmilch in den Mixer geben und fein pürieren. Mit Strohhalm servieren. Angenehm süß schmeckt der Smoothie, wenn Mango und Ananas richtig reif sind. Wem die Süße nicht reicht, kann mit etwas Honig nachsüßen.

WALDBEEREN-SMOOTHIE

Zutaten für 2 Portionen

350 ml Orangensaft
1 Banane
450 g gemischte Waldbeeren (z. B. Blaubeeren, Himbeeren,
Brombeeren/TK-Produkt)
Minze und Bananenscheiben zum Dekorieren

Zubereitungszeit ca. 5 Min.

1. Banane schälen und klein schneiden. Bananenscheiben kurz anfrosten.

2. Orangensaft, Bananenscheiben und Waldbeeren in einen Mixer geben und fein pürieren. In 2 Gläser füllen und mit Minze und Bananenscheiben dekorieren.

TIPP

Wer immer eine Tiefkühl-Beerenmischung im Eisfach hat, kann diesen Smoothie bei einem Überraschungsbesuch ganz einfach und schnell zubereiten. Statt Minze als Dekoration eine gefrorene Himbeere oder Brombeere auf die Mischung setzen, etwas Puderzucker darüber – fertig.

BIRNEN-SMOOTHIE

Zutaten für 2 Portionen

1 Granatapfel, 2 Birnen, 1 Prise Zimt, 2 TL Honig, 2 EL Zitronensaft
Zitronenmelisse zum Dekorieren

Zubereitungszeit ca. 10 Min.

1. Granatapfel halbieren und die Hälften mit einer Zitronenpresse entsaften. Birnen schälen, vierteln und vom Kerngehäuse befreien.

2. Mit 100 Milliliter Wasser, Zimt, Honig und Zitronensaft in einen Mixer geben und pürieren. Mit Eiswürfeln und Zitronenmelisse dekoriert servieren.

TROPICAL-SMOOTHIE

Zutaten für 4 Portionen

1 Banane, 1 Kiwi, 2 Feigen, ½ Zitrone, 1 EL Kokosöl

Zubereitungszeit ca. 5 Min.

1. Banane schälen und klein schneiden. Kiwi schälen und Fruchtfleisch klein schneiden. Stiele von den Feigen entfernen. Von der Schnittstelle her die Haut mit einem Messer abziehen. Feigen halbieren. Zitrone auspressen.

2. Früchte zusammen mit Zitronensaft und Kokosöl in einen Mixer geben und fein pürieren. Je nach gewünschter Konsistenz etwas Wasser oder Orangensaft zufügen und nochmals kurz mixen. Durch das Kokosöl bekommt der Smoothie einen herrlichen tropischen Geschmack.

WEINTRAUBEN-SMOOTHIE

Zutaten für 2 Portionen

200 g kernlose Weintrauben
5 Zwetschgen
1 Pfirsich

Zubereitungszeit ca. 10 Min.

1. Weintrauben und Zwetschgen waschen und trocken tupfen. Zwetschgen halbieren und Kerne entfernen. Pfirsich mit heißem Wasser überbrühen, kurz ziehen lassen und die Haut mit einem scharfen Messer entfernen. Kern entfernen und Fruchtfleisch grob würfeln.

2. Alles in einen Mixer geben und zunächst kurz auf kleiner Stufe, dann auf höherer Stufe pürieren, bis die Mischung schön glatt ist. In eisgekühlte Gläser füllen und servieren.

Mixerkunde

Das richtige Smoothie-Werkzeug

Obst und Gemüse zu pürieren kann ja eigentlich nicht so schwer sein. Richtig. Das ist es auch nicht. Wenn man möchte, braucht man dafür nicht mal einen Mixer, sondern kann die Rohkost auch irgendwie mit einem Pürierstab klein kriegen. Vor allem Smoothie-Anfänger wollen die neue Mixkost schließlich erst einmal ausprobieren und sich dafür nicht gleich ein teures Profi-Gerät kaufen. Sie werden allerdings schnell merken, dass der Pürierstab rasch an seine Grenzen kommt. Das Zerkleinern dauert lange und die Konsistenz des Smoothies ist hinterher oft klumpig. Zudem überhitzt der Stab bei einigen festen Gemüsesorten (z. B. Rote Bete) und kommt dabei völlig an seine Grenzen.

Die Verwendung eines Mixers macht die Herstellung von Smoothies daher deutlich einfacher und im Ergebnis nicht nur geschmackvoller, sondern auch gesünder. Ist die Mix-Leistung nämlich zu schwach, können die festen Zellmembranen nicht aufgebrochen werden und es werden weniger Nährstoffe frei gesetzt. Ernährungsexperten empfehlen daher sogar das Verwenden eines Hochleistungsmixers, anstatt eines gewöhnlichen Haushaltsmixers. Durch seine erhöhte Leistung erreicht man die maximale Ausbeute an Nährstoffen. Zudem wird die Konsistenz des Smoothies umso samtiger, je höher die Mix-Leistung des Gerätes ist. Auch die Gefahr der Überhitzung ist bei Profi-Produkten in der Regel geringer, sodass auch die Langlebigkeit solcher Gerätschaften größer ist. Einen Profi-Mixer erkennt man im Vergleich zu einem gewöhnlichen Haushaltsmixer übrigens an seiner Watt-Leistung und der Anzahl seiner möglichen Umdrehungen. Während ein gewöhnlicher Mixer kaum über 1000 Watt verfügt und mit einer Umdrehungszahl von weniger als 20.000 arbeitet, bieten Hochleistungsgeräte bis zu 2000 Watt und knapp 30.000 Umdrehungen. Vor allem bei der Verarbeitung von faserigem Blattgrün aus Salaten oder Gemüse spürt man diesen Unterschied deutlich.

Die Handhabung eines Mixers ist denkbar einfach: Obst und Gemüse müssen nur grob klein geschnitten werden und dann kann's losgehen.

Bei Standmixern gilt, je höher die Umdrehungszahl, desto sämiger der Smoothie. Mit der Zugabe von Wasser kann dann die Dickflüssigkeit reguliert werden.

Als Smoothie-Neuling kann man natürlich erst einmal den heimischen Stabmixer verwenden. Vor allem weiches Obst lässt sich damit gut pürieren.

Wer dann auf den Geschmack gekommen ist, besorgt sich – besonders für grüne Gemüse-Smoothies – einen leistungsstarken Standmixer.

ANANAS-MANGO-SMOOTHIE

Zutaten für 4 Portionen

1 kleine Ananas
1 Orange
1 Mango
500 ml Orangensaft

Zubereitungszeit ca. 15 Min.

1. Ananas schälen, Strunk herausschneiden und Fruchtfleisch würfeln. Orange schälen, weiße Haut entfernen und in Scheiben schneiden. Mango schälen, halbieren und entkernen. Fruchtfleisch würfeln.

2. Fruchtfleisch in einen Mixer geben und pürieren. Mit Orangensaft auffüllen und nochmals kurz mixen. In eisgekühlte Gläser füllen und genießen.

TIPP

Je reifer die Mango, desto besser schmeckt der Smoothie. Machen Sie beim Einkauf einfach den Drucktest: Gibt das Fruchtfleisch unter der Schale leicht auf Fingerdruck nach, ist die Mango reif zum Genießen. Mangos mit schwarzen Flecken sollten Sie liegen lassen, sie sind ein Zeichen für Überreife. Mangos reifen übrigens schnell nach – auch zu Hause in der Obstschale.

MELONEN-SMOOTHIE

Zutaten für 2 Portionen

150 g Wassermelone, 150 g Honigmelone
100 g Ananas, 150 g Mango
150 g Erdbeeren
250 ml Orangensaft
2 EL Honig
Crushed Ice

Zubereitungszeit ca. 15 Min.

1. Melonen schälen, Kerne entfernen und in Stücke schneiden. Ananas und Mango schälen und Fruchtfleisch in Stücke schneiden. Erdbeeren waschen, putzen und trocken tupfen.

2. Fruchtstücke in einen Mixer geben und fein pürieren. Orangensaft und Honig zufügen und nochmals gut mixen. Mit Crushed Ice auf Gläser verteilen und sofort servieren.

INFO

Im Sommer hat Melone bei uns Saison. Genau die richtige Zeit, um diesen erfrischenden Smoothie zu genießen. Die Wassermelone macht ihrem Namen alle Ehre, denn sie besteht zu 90 Prozent aus Wasser. Für eine milde Süße sorgt die Honigmelone. Sie gehört zu den Zuckermelonen und stammt aus der Familie der Kürbisgewächse.

INGWER-SMOOTHIE MIT MARACUJA

Zutaten für 2 Portionen

1 Zitrone
½ Apfel
1 Banane
500 ml Maracujasaft
1 EL frisch geriebener Ingwer
1 TL Honig

Zubereitungszeit ca. 5 Min.

1. Zitrone auspressen. Apfelhälfte waschen, schälen und klein würfeln. Banane schälen und klein schneiden.

2. Früchte in den Mixer geben und pürieren. Mit Zitronensaft und Maracujasaft auffüllen, Ingwer und Honig zugeben und nochmals kurz pürieren. In hohen Gläsern mit Trinkhalmen und Fruchtspießen nach Belieben servieren.

ERDBEER-MANGO-SMOOTHIE

Zutaten für 1 Portion

100 g Erdbeeren (frisch oder TK-Produkt)
200 g Mango
etwas Limettensaft nach Belieben

Zubereitungszeit ca. 10 Min.

1. Erdbeeren waschen, putzen und trocken tupfen oder TK-Produkt nach Packungsanweisung verwenden. Mango schälen, halbieren und entkernen. Fruchtfleisch würfeln.

2. Erdbeeren und Mango in einen Mixer geben und pürieren. Nach Belieben mit Limettensaft abschmecken und kalt genießen.

TIPP

Mangos zu schälen ist nicht ganz leicht, die Schale und der Kern sitzen recht fest am Fruchtfleisch. Leichter geht es mit einem Sparschäler. In ihrem Heimatland Indien hat die „Königin der Früchte" einen hohen Stellenwert, die Erntezeit beginnt im April und dauert bis hinein in den Juli.

BEEREN-SMOOTHIE

Zutaten für 1 Portion

*1 Handvoll Johannisbeeren, 1 Handvoll Himbeeren, 2 Handvoll Kirschen,
Limettensaft, Minze zum Dekorieren*

Zubereitungszeit ca. 10 Min.

1. Beeren und Kirschen waschen und trocken tupfen. Kirschen halbieren und Kirschkerne entfernen.

2. Früchte in einen Mixer geben und fein pürieren. Nach Belieben mit Limettensaft abschmecken. In ein Longdrinkglas füllen, mit Minze dekorieren und genießen.

KIWI-SMOOTHIE

Zutaten für 1 Portion

1 Kiwi, 1 Zitrone, 1 Banane

Zubereitungszeit ca. 5 Min.

1. Kiwi schälen und grob würfeln. Zitrone auspressen. Banane schälen und klein schneiden.

2. Früchte zusammen mit dem Zitronensaft in einen Mixer geben und so lange pürieren, bis ein cremiger Smoothie entsteht. In ein eisgekühltes Glas füllen und genießen.

HIMBEERE-PHYSALIS-SMOOTHIE

Zutaten für 2 Portionen

500 g Orangen
150 g Himbeeren
150 g Physalis

Zubereitungszeit ca. 10 Min.

1. Orange schälen, weiße Haut entfernen und in Scheiben schneiden. Himbeeren verlesen, waschen und trocken tupfen. Blütenkelche an den Physalis entfernen, Beeren waschen und trocken tupfen.

2. Früchte in den Mixer geben und fein pürieren. In eisgekühlte Gläser füllen und genießen.

WASSERMELONEN-SMOOTHIE

Zutaten für 1 Portion

200 g Wassermelone
½ Banane
1 Kiwi
Minze zum Dekorieren

Zubereitungszeit ca. 5 Min.

1. Wassermelone schälen, Kerne entfernen und Fruchtfleisch grob würfeln. Banane und Kiwi schälen und klein schneiden.

2. Früchte in einen Mixer geben und pürieren. Mit Eiswürfeln und Minze dekoriert genießen.

TIPP

Mit Eiswürfeln lassen sich Smoothies besonders wirkungsvoll dekorieren. In Eiswürfeln eingeschlossene Früchte oder Fruchtstücke sehen edel aus und lassen sich schnell und einfach auf Vorrat einfrieren. Geben Sie einfach Beeren oder kleine fruchtige Würfel in einen Eiswürfelbehälter, füllen diesen mit aufgekochtem Wasser auf und gefrieren alles im Tiefkühlfach.

Die Dos & Don'ts der Smoothies

Die Beigaben-Falle

Natürlich kann man einem Smoothie die verschiedensten Beigaben untermischen. Kokosmilch, Öle, Vitamin-Pulver, Chia-Samen, sogar Nüsse oder Eis und Joghurt können der pürierten Rohkost beigemengt werden. Grundsätzlich ist alles erlaubt, was schmeckt. Vergessen Sie dabei allerdings nicht, dass nicht all diese Beigaben unbedingt auch gesund sind. Teilweise haben sie einen hohen Kaloriengehalt (z. B. Öle) oder sie sind sehr zuckerhaltig (Vorsicht bei Eiweiß- und Vitaminpulvern).

KIWI-BIRNEN-SMOOTHIE

Zutaten für 2 Portionen

1 Birne
2 Kiwis
2 EL Zitronensaft
1 TL Honig
nach Belieben Apfelsaft

Zubereitungszeit ca. 10 Min.

1. Birnen waschen, trocken tupfen, putzen und Kerngehäuse entfernen. Kiwis schälen. Fruchtfleisch würfeln.

2. Fruchtfleisch in einen Mixer geben, Zitronensaft und Honig zufügen und zu einem cremigen Smoothie mixen. Wer den Smoothie flüssiger mag, gibt etwas Apfelsaft dazu. In eisgekühlte Gläser füllen und genießen.

TIPP

Mittlerweile gibt es bei uns neben der bekannten grünen Kiwi auch gelbfleischige Sorten, deren Schale kaum behaart ist und die honigsüß schmecken. Sind die Früchte noch hart, können Sie diese zu Hause bei Raumtemperatur nachreifen lassen.

ERDBEER-ACEROLA-SMOOTHIE

Zutaten für 1 Portion

125 g Erdbeeren
100 ml Ananassaft
25 ml Schoenenberger Acerolasaft (Reformhaus oder Apotheke)
1 TL Grenadinesirup
1 Schnitz Ananas

Zubereitungszeit ca. 10 Min.

1. Erdbeeren waschen, putzen und trocken tupfen. Mit dem gut gekühlten Ananassaft und Acerolasaft mit dem Stabmixer oder im Mixer aufschäumen, mit Grenadinesirup süßen und in ein Longdrinkglas füllen.

2. Mit einem Ananasschnitz dekorieren und genießen.

APRIKOSEN-SMOOTHIE

Zutaten für 2 Portionen

300 g Aprikosen
1 Banane, 1 Birne
1 EL Honig
Crushed Ice
nach Belieben Mineralwasser oder Aprikosensaft

Zubereitungszeit ca. 10 Min.

1. Aprikosen kreuzweise einritzen, mit kochendem Wasser übergießen, kurz einwirken lassen. Schale und Steine mit einem scharfen Messer entfernen. Banane schälen und klein schneiden. Birne waschen, schälen, Kerngehäuse herausschneiden und Fruchtfleisch grob würfeln.

2. Früchte in einen Mixer geben, Honig zufügen und fein pürieren. Etwas Crushed Ice und nach Belieben Mineralwasser oder Aprikosensaft zufügen, nochmals kurz durchmixen und servieren.

TIPP

Achten Sie beim Kauf darauf, dass die Aprikosen wirklich reif und süß sind, denn die Früchte reifen nicht nach. Im Kühlschrank bleiben sie höchstens zwei Tage frisch und sollten daher schnell verbraucht werden. Das Fruchtfleisch sollte weich sein, bei überreifen Früchten ist es mehlig. Überreife Aprikosen eignen sich nicht für Smoothies, sondern höchstens zum Dünsten oder Backen.

GRANATAPFEL-SMOOTHIE

Zutaten für 1 Portion

¼ Granatapfel, 12 Himbeeren, 25 Weintrauben, 1 Banane, ½ Orange

Zubereitungszeit ca. 5 Min.

1. Granatapfelkerne aus der Schale klopfen. Himbeeren und Trauben waschen und trocken tupfen. Banane schälen und klein schneiden.

2. Granatapfelkerne, Himbeeren und Banane in einen Mixer geben, mit Orangensaft auffüllen und alles gut durchmixen. Nach Belieben mit Crushed Ice genießen.

APFEL-SMOOTHIE

Zutaten für 2 Portionen

2 Äpfel, 1 Banane, 200 ml Orangensaft, Crushed Ice

Zubereitungszeit ca. 5 Min.

1. Äpfel waschen, halbieren, Kerngehäuse entfernen und Fruchtfleisch klein würfeln. Banane schälen und klein schneiden.

2. Früchte in einen Mixer geben, Orangensaft zufügen und gut pürieren. Crushed Ice zugeben, nochmals kurz durchmixen und servieren.

BROMBEER-PAPAYA-SMOOTHIE

Zutaten für 2 Portionen

1 Apfel
250 g Brombeeren
60 ml Apfelsaft
1 Papaya
1 EL Ahornsirup

Zubereitungszeit ca. 15 Min.

1. Apfel waschen, halbieren, Kerngehäuse entfernen und Fruchtfleisch klein würfeln. Brombeeren waschen und trocken tupfen.

2. Apfel, Brombeeren und Apfelsaft in einen Mixer geben und fein pürieren. Zwei eisgekühlte Gläser jeweils bis zur Hälfte füllen.

3. Papaya schälen, halbieren, Kerne und Fasern entfernen. Fruchtfleisch grob würfeln. In den Mixer geben und pürieren. Mit Ahornsirup süßen und Gläser mit Papayapüree aufgießen. Sofort servieren.

ERDBEER-SMOOTHIE MIT GRAPEFRUIT

Zutaten für 4 Portionen

230 g Erdbeeren
200 g rosa Grapefruit
25 g Zitronen-Fruchtfleisch
5 Blätter Minze
frisch gemahlener Pfeffer
750 ml Mineralwasser mit wenig Kohlensäure

Zubereitungszeit ca. 5 Min.

1. Erdbeeren waschen, putzen und trocken tupfen. Grapefruit so schälen, dass die weiße Haut vollständig entfernt wird. Filets zwischen den Trennhäuten herausschneiden, Kerne entfernen. Minze waschen und trocken schütteln.

2. Erdbeeren, Grapefruitfilets, Zitrone und Minze in einen Mixer geben, mit Pfeffer würzen und mit Mineralwasser auffüllen. Auf höchster Stufe ca. 2 Minuten mixen, in Gläser füllen und servieren.

INFO

Dieser Smoothie ist nicht nur lecker, sondern an heißen Sommertagen köstlich erfrischend. Die rosa Farbe der Grapefruits entsteht durch den Pflanzenfarbstoff Lykopin, der auch Tomaten rot färbt. Mit ihrem hohen Vitamin-C-Gehalt, wenig Kalorien und einem hohen Anteil an Ballaststoffen gehört die Grapefruit zu den wahren Fitnesspaketen unter den Früchten.

SMOOTHIES MIT GEMÜSE

KLASSISCHER SPINAT-SMOOTHIE

Zutaten für 2 Portionen

1 Banane
1 Apfel
1 Handvoll Blattspinat
½ TL Kokosöl
100 ml Apfelsaft
Basilikum zum Dekorieren

Zubereitungszeit ca. 5 Min.

1. Banane schälen und klein schneiden. Apfel waschen, halbieren, Kerngehäuse entfernen und Fruchtfleisch grob würfeln. Spinat waschen und trocken schütteln.

2. Obst und Spinat in einen Mixer geben, Kokosöl und Apfelsaft zugeben und auf hoher Stufe mixen, bis die Konsistenz gleichmäßig ist. Ist der Smoothie noch zu dickflüssig, etwas Wasser zugeben und nochmals kurz durchmixen. Mit Basilikum dekorieren und genießen.

INFO

Auch wenn Spinat doch keinen so hohen Eisengehalt hat wie lange angenommen, so hat er viele Vitamine und Mineralien. Diese sekundären Pflanzenstoffe sind enthalten: Saponine, Lutein und Beta-Carotin. Letzteres ist besonders gut für Haut und Augen. Gemixt mit Obst sind grüne Smoothies ein erfrischender Powerdrink!

WACHMACHER-SMOOTHIE

Zutaten für 3 Portionen

1 reife Kaki, 150 g Tomaten
1 rote Paprikaschote, evtl. 1 Orange
1 TL frisch geriebener Meerrettich
Minze zum Dekorieren

Zubereitungszeit ca. 15 Min.

1. Kaki waschen, trocken tupfen, putzen und schälen. Fruchtfleisch grob würfeln. Tomaten waschen, halbieren, vom Stielansatz befreien, entkernen und würfeln. Paprika putzen, waschen und grob würfeln. Orange auspressen.

2. Kaki, Tomaten und Paprika in einen Mixer geben und so lange pürieren, bis eine homogene Masse entsteht. Ist der Smoothie zu dickflüssig, Orange auspressen, Orangensaft zugeben und nochmals gut durchmixen.

3. In Gläser füllen, mit einem Klecks Meerrettich verfeinern und mit Minze dekorieren.

INFO

Der Meerrettich macht aus diesem gesunden Smoothie einen richtigen Wachmacher. Meerrettich, in Österreich auch Kren genannt, ist nicht nur würzig und lecker, sondern auch gesund. Er enthält eine gehörige Portion Vitamine und antibakteriell wirksame Senföle.

MÖHREN-SMOOTHIE MIT KURKUMA

Zutaten für 1 Portion

1 große Möhre
1 kleines Stück Salatgurke
1 Apfel
1 Msp. Kurkuma

Zubereitungszeit ca. 5 Min.

1. Möhre und Gurke putzen, schälen und grob würfeln. Apfel waschen, halbieren, Kerngehäuse entfernen und Fruchtfleisch grob würfeln.

2. Zusammen mit ca. 100 Milliliter Wasser in einen Mixer geben und fein pürieren. Den Smoothie in ein Glas füllen und mit Kurkuma verfeinern.

ROTE-BETE-SMOOTHIE

Zutaten für 1 Portion

1 kleine Rote Bete
1 Möhre
1 Orange
1 TL Mandelmus
Minze zum Dekorieren

Zubereitungszeit ca. 15 Min.

1. Rote Bete und Möhre putzen, schälen und grob würfeln. Orange schälen, weiße Haut entfernen und in Scheiben schneiden.

2. Obst und Gemüse mit dem Mandelmus in einen Mixer geben und schaumig pürieren. Nach Belieben mit Wasser auffüllen und nochmals kurz durchmixen. Mit Minze dekorieren und genießen.

INFO

Rote Bete: Diese tolle Pflanze wirkt blutbildend. Entscheidend dafür ist vor allem der hohe Eisengehalt der Rübe. Für Smoothies eignet sie sich ganz wunderbar. Sie lässt sich gut mixen und färbt alles in einem schönen Rotton. Köstlich schmecken auch die Blätter von jungen roten Beten, mit denen sich Smoothies in vielen Variationen zubereiten lassen.

TOMATEN-SMOOTHIE

Zutaten für 1 Portion

5 Tomaten, 4 Blätter Basilikum, 5 Cashewkerne, Salz, frisch gemahlener Pfeffer

Zubereitungszeit ca. 5 Min.

1. Tomaten waschen, halbieren, vom Stielansatz befreien. Basilikum waschen und trocken schütteln.

2. Tomaten, Basilikum und Cashewkerne in einen Mixer geben und so lange mixen, bis die Mischung schön glatt ist. Mit Salz und Pfeffer abschmecken und genießen.

BIRNEN-RAUKE-SMOOTHIE

Zutaten für 1 Portion

1 Handvoll Rauke, 1 Birne, 1 Orange, 1 TL Agavendicksaft

Zubereitungszeit ca. 10 Min.

1. Rauke waschen und trocken schütteln. Birne waschen, schälen, Kerngehäuse entfernen und Fruchtfleisch grob würfeln. Orange auspressen.

2. Rauke und Birne in einen Mixer geben, Orangensaft zugießen und Agavendicksaft zugeben. Alles schaumig pürieren und gut gekühlt genießen.

SPINAT-PFIRSICH-SMOOTHIE

Zutaten für 3 Portionen

125 g Blattspinat
300 g Pfirsich
175 g Salatgurke
2 EL Zitronensaft
1 Msp. gemahlene Vanille

Zubereitungszeit ca. 10 Min.

1. Spinat waschen und trocken schütteln. Pfirsich mit heißem Wasser überbrühen, kurz ziehen lassen und die Haut mit einem scharfen Messer entfernen. Kern entfernen und Fruchtfleisch grob würfeln. Gurke schälen, entkernen und grob würfeln.

2. Spinat, Pfirsich und Gurke in einen Mixer geben, Zitronensaft, Vanille und ca. 100 Milliliter Wasser zufügen und zu einem cremigen Smoothie mixen. Wer es süßer mag, kann mit Agavendicksaft nachsüßen. In gut gekühlte Gläser füllen und genießen.

AVOCADO-GURKE-SMOOTHIE

Zutaten für 2 Portionen

½ Avocado
¼ Salatgurke
2 Stangensellerie
300 ml Apfelsaft
Selleriegrün zum Dekorieren

Zubereitungszeit ca. 10 Min.

1. Avocado halbieren und entkernen. Fruchtfleisch mit einem Löffel entnehmen und in einen Mixer geben. Gurke und Sellerie waschen, putzen und trocken tupfen. Sellerie in Stücke schneiden, Gurke entkernen und grob würfeln.

2. Gurke und Sellerie zu dem Avocadofruchtfleisch in den Mixer geben, Apfelsaft und ca. 100 Milliliter Wasser zufügen und alles fein pürieren. In Gläser füllen und mit Selleriegrün dekorieren.

INFO

Die Avocado gilt als Superfood, weil sie große Mengen wertvoller Inhaltsstoffe enthält. Sie schmeckt nicht nur lecker, sondern ist reich an Vitaminen und wertvollen Fettsäuren, die für schöne Haut und Haare sorgen. Und auch der Stangensellerie hat es in sich. Er steckt voller Vitamine, Mineralstoffe und reichlich Antioxidantien und wirkt im Sommer als Smoothie genossen als erfrischender Durstlöscher.

Grüne Smoothies

Jede Menge Vitamine im Glas

Vor allem grünes Gemüse enthält viele wichtige Nährstoffe wie Kalzium und Magnesium, jede Menge Vitamine und sekundäre Pflanzenstoffe, die der Krebsvorbeugung dienen. Kein Wunder, dass besonders grüne Smoothies der absolute Hit sind, wenn es um gesunde Ernährung geht. Der grüne Farbstoff Chlorophyll hilft außerdem bei der Reinigung unseres Blutes und die Bitterstoffe im grünen Gemüse regen die Verdauung an. Um eben diesen bitteren Geschmack etwas zu dämpfen, mischt man im grünen Smoothie einfach etwas Obst hinzu und schon ist der geschmackvolle Powerdrink fertig. Die Auswahl an grünen Zutaten ist dabei wunderbar vielseitig. Anbei finden Sie eine kleine Übersicht an Zutaten für grüne Smoothies.

ie klassische Zutat eines grünen
moothies ist **Spinat**. Dieser ist
ich an Beta-Carotin, Vitamin K
nd Magnesium.

Der kaliumreiche **Sellerie** wirkt
harntreibend, entschlackend,
entzündungshemmend und hilft
bei Magenproblemen.

Wer gerne Kohl in seinen Smoothie
packt, dem sei **Chinakohl** empfohlen. Dieser ist leicht verdaulich und
reich an Vitamin C.

ne wahre Vitaminbombe ist der
atische, nussig schmeckende
k Choi. Auch **Kohlrabiblätter**
gnen sich für Smoothies, denn
den Blättern stecken noch mehr
tamine als in der Knolle.

Salate passen wunderbar in einen
grünen Smoothie und sind voller
Vitamine und Ballaststoffe. Die nussig schmeckende **Rauke** ist reich
an Vitaminen und gut fürs Immunsystem.

Seine antioxidative und immunstär-
kende Wirkung macht **Mangold**
zu einer gesunden Smoothie-Zu-
tat. Der vitaminreiche **Basilikum**
peppt Smoothies durch seinen aromatischen Eigengeschmack auf.

KOHLRABIGRÜN-SMOOTHIE

Zutaten für 2 Portionen

6 große Kohlrabiblätter
1 rosa Grapefruit
1 Banane

Zubereitungszeit ca. 10 Min.

1. Kohlrabiblätter waschen, trocken schütteln und grob zerkleinern. Grapefruit so schälen, dass die weiße Haut vollständig entfernt wird. Filets zwischen den Trennhäuten herausschneiden, Kerne entfernen. Banane schälen und klein schneiden.

2. Alle Zutaten in einen Mixer geben und ca. 2 Minuten auf höchster Stufe mixen. So viel Wasser zufügen, bis die gewünschte Konsistenz erreicht ist und nochmals kurz mixen. In gut gekühlte Gläser füllen und genießen.

INFO

Täglich 5 Portionen Obst und Gemüse zu verzehren, empfiehlt die Deutsche Gesellschaft für Ernährung e. V. (DGE). Dank der leckeren Smoothies geht das auch spielend leicht. Denn wer Gemüse nicht nur als Salat oder Beilage essen mag, kann es mit diesem Smoothie auch ganz einfach trinken.

PAPRIKA-SMOOTHIE MIT MÖHREN

Zutaten für 2 Portionen

1 gelbe Paprikaschote, 1 rote Paprikaschote
1 Kohlrabi, 1 Salatgurke
2 Möhren, Salz
Paprikaflocken

Zubereitungszeit ca. 15 Min.

1. Paprika und Kohlrabi putzen und waschen. Gurke schälen und entkernen. Möhren putzen und schälen. Gemüse grob würfeln und in einen Mixer geben.

2. Alles fein pürieren und mit Wasser bis zur gewünschten Konsistenz auffüllen. Nochmals durchmixen. Mit Salz und Paprikaflocken abschmecken und gut gekühlt genießen.

MÖHREN-SMOOTHIE MIT INGWER

Zutaten für 2 Portionen

2–3 Orangen
2–3 Möhren
1 kleines Stück Ingwer
ein Schuss Leinöl

Zubereitungszeit ca. 10 Min.

1. Orangen schälen, weiße Haut entfernen und in Scheiben schneiden. Möhren und Ingwer putzen, schälen und grob würfeln.

2. Orangen, Möhren, Ingwer und Leinöl in einen Mixer geben und fein pürieren. Ist der Smoothie noch zu dickflüssig, mit Wasser bis zur gewünschten Konsistenz auffüllen und nochmals kurz mixen. In gut gekühlte Gläser füllen und genießen.

INFO

Leinöl ist ein hervorragender Lieferant für die gesunden Omega-3-Fettsäuren. Mit seinem leicht nussigen Geschmack passt es zu Obst- wie zu Gemüse-Smoothies. Wichtig hierbei ist, dass Sie ein qualitativ hochwertiges Leinöl verwenden.

ZUCCHINI-SMOOTHIE

Zutaten für 2 Portionen

1 kleine Zucchini, 1 Blatt Grünkohl, 2 Orangen, 1 Kaki

Zubereitungszeit ca. 5 Min.

1. Zucchini putzen, waschen und in Scheiben schneiden. Grünkohlblatt waschen und in Streifen schneiden. Orange schälen, weiße Haut entfernen und in Scheiben schneiden. Kaki schälen und Fruchtfleisch grob würfeln.

2. Alle Zutaten in einen Mixer geben und auf höchster Stufe fein pürieren. Nach Belieben Wasser zufügen, nochmals kurz mixen und gut gekühlt genießen.

RADICCHIO-MANGO-SMOOTHIE

Zutaten für 2 Portionen

150 g Radicchio, 2 Mangos

Zubereitungszeit ca. 5 Min.

1. Radicchio putzen, waschen, trocken schütteln und Blätter in Streifen schneiden. Mango schälen, halbieren und entkernen. Fruchtfleisch würfeln.

2. Alle Zutaten mit ca. 500 Milliliter Wasser in einen Mixer geben und auf höchster Stufe fein pürieren. In gut gekühlte Gläser füllen und genießen.

MANGOLD-PAPRIKA-SMOOTHIE

Zutaten für 2 Portionen

6 Blätter Mangold
½ rote Paprikaschote
10 Blätter Minze
1 kleine Banane
1 kleine Orange

Zubereitungszeit ca. 5 Min.

1. Mangold waschen, putzen und die dicken Blattrippen entfernen. Mangold-blätter zerteilen. Paprika putzen, waschen und grob würfeln. Minze waschen und trocken schütteln. Banane schälen und klein schneiden. Orange schälen, weiße Haut entfernen und in Scheiben schneiden.

2. Alle Zutaten in einen Mixer geben und auf höchster Stufe schaumig pürieren. Nach Belieben mit Wasser auffüllen, bis die gewünschte Konsistenz erreicht ist. Nochmals kurz durchmixen. In gut gekühlte Gläser füllen und genießen.

SPINAT-SMOOTHIE MIT KIWI UND APFEL

Zutaten für 1 Portion

100 g Babyspinat
½ Apfel
1 Kiwi
Limettensaft

Zubereitungszeit ca. 10 Min.

1. Spinat waschen und trocken schütteln. Apfel waschen, halbieren, Kerngehäuse entfernen und klein würfeln. Kiwi schälen und grob würfeln.

2. Alle Zutaten mit ca. 100 Milliliter Wasser in einen Mixer geben und fein pürieren. Mit Limettensaft abschmecken, in ein Glas füllen und genießen.

TIPP

Smoothie-Neulinge trauen sich oft nicht an die reinen grünen Smoothies. Deshalb ist dieser gesunde Shake genau das Richtige für Einsteiger. Als grüne Grundlage wurde hier Babyspinat gewählt, dazu die beiden Obstsorten Apfel und Kiwi. Wer nachsüßen möchte, kann Honig oder Agavendicksaft verwenden. Noch besser ist es allerdings, reife Früchte zu verwenden, bei denen der natürliche Fruchtzucker ausreicht.

Die Dos & Don'ts der Smoothies

Je frischer, desto besser

Am gesündesten sind Smoothies, wenn man mit frischen Obst- und Gemüsesorten arbeitet. Besonders praktisch und ebenfalls sehr vitaminreich sind aber auch Tiefkühlprodukte. Achten Sie hierbei aber unbedingt auf den möglichen Zusatz von Zucker. Gleiches gilt für die Verwendung von Konserven. Diese haben oft einen hohen Zuckergehalt. Übrigens: Auch bei frischem Obst gibt es Unterschiede im Zuckergehalt. Je reifer die Früchte sind, desto mehr Zucker enthalten sie nämlich. Frisch, aber nicht unreif: Vorsicht gilt bei der Verwendung zu junger Früchte. Unreife oder unreif geerntetes Obst wird nicht von jedermann vertragen. Magenschmerzen oder gar Durchfall können die unangenehme Folge sein.

ANANAS-SMOOTHIE MIT PAK CHOI

Zutaten für 1 Portion

100 g Pak Choi
100 g Ananas
1 kleine Banane
1 cm Ingwer
120 ml Kokoswasser
nach Belieben Agavendicksaft

Zubereitungszeit ca. 10 Min.

1. Pak Choi putzen, waschen, trocken schütteln und in Stücke zupfen. Ananas schälen, Strunk herausschneiden und Fruchtfleisch würfeln. Banane schälen und klein schneiden. Ingwer schälen und grob hacken.

2. Alle Zutaten in einen Mixer geben, pürieren und mit Kokoswasser auffüllen. Nach Belieben mit Agavendicksaft süßen und nochmals kurz mixen. In ein gut gekühltes Glas füllen und genießen.

INFO

Der aromatische Powerdrink überrascht mit seiner ausgefallenen Kombination: Die Frische der Ananas trifft auf den aus Asien stammenden Pak Choi, der mit seinem milden Geschmack überzeugt. Abgerundet wird der Smoothie durch die Süße der Banane und durch das Kokoswasser als geschmackvoller Wasserersatz.

FENCHEL-PAPRIKA SMOOTHIE

Zutaten für 2 Portionen

½ Fenchelknolle, 1 rote Paprikaschote
1 kleine Banane, ½ rosa Grapefruit
1 TL Sesamöl
1 Msp. Meerrettich
1 TL mittelscharfer Senf
1 TL Kurkuma, 1 Prise Nelkenpulver
1 Prise scharfes Paprikapulver
1 Prise Salz

Zubereitungszeit ca. 10 Min.

1. Fenchel waschen, putzen und in Stücke schneiden. Paprika putzen, waschen und grob würfeln. Banane schälen und klein schneiden. Grapefruit so schälen, dass die weiße Haut vollständig entfernt wird. Filets zwischen den Trennhäuten herausschneiden und Kerne entfernen.

2. Obst, Gemüse und Gewürze in einen Mixer geben, bis zur 1-Liter-Markierung mit Wasser auffüllen und ca. 2 Minuten auf höchster Stufe mixen. In gut gekühlte Gläser füllen und genießen.

VITAMINCOCKTAIL „BLEIB IN FORM"

Zutaten für 2 Portionen

½ reife Avocado, ½ Zitrone
250 ml Möhrensaft, 250 ml Buttermilch
2 EL Weizenkeimöl , Salz
frisch gemahlener Pfeffer
1–2 EL Schoenenberger Pflanzentrunk Ingwer
Schnittlauch

Zubereitungszeit ca. 10 Min.

1. Avocado halbieren, den Kern entfernen. Zitrone auspressen. Avocadofleisch aus der Schale lösen, mit Zitronensaft beträufeln und mit Möhrensaft, Buttermilch und Weizenkeimöl im Mixer gut pürieren.

2. Den Drink mit Salz, Pfeffer, Zitronensaft und Pflanzentrunk Ingwer pikant abschmecken und in zwei große Cocktailgläser gießen. Mit Schnittlauchröllchen bestreut servieren und genießen.

TIPP

Um eine noch harte Avocado schnell nachreifen zu lassen, wickeln Sie die Frucht zusammen mit einer Banane oder einem Apfel in Zeitungspapier. Beide Obstsorten produzieren das Reifegas Ethylen. Wenn Sie wie bei diesem Rezept nur ½ Avocado benötigen, packen Sie die andere Hälfte mit dem Kern in Folie und legen sie an einen kühlen Ort.

GEMÜSE-SMOOTHIE

Zutaten für 2 Portionen

2 Rote Bete, ½ Gurke, 4 große Tomaten, 1 Spritzer Tabasco, Selleriesalz

Zubereitungszeit ca. 5 Min.

1. Rote Bete putzen, schälen und würfeln. Gurke schälen, entkernen und würfeln. Tomaten waschen, halbieren, vom Stielansatz befreien und würfeln.

2. Gemüse und Gewürze in einen Mixer geben und gut durchmixen. In gut gekühlte Gläser füllen und genießen.

CHINAKOHL-ZUCCHINI-SMOOTHIE

Zutaten für 2 Portionen

2 kleine Bananen, 2 Blätter Chinakohl, 1 kleine Zucchini, 1 kleiner Apfel

Zubereitungszeit ca. 5 Min.

1. Bananen schälen und klein schneiden. Chinakohl putzen, waschen, trocken schütteln und in Streifen schneiden. Zucchini putzen, schälen und in Scheiben schneiden. Apfel waschen, Kerngehäuse entfernen und Fruchtfleisch würfeln.

2. Alle Zutaten in einen Mixer geben, bis zur 1-Liter-Markierung mit Wasser auffüllen und ca. 2 Minuten bei höchster Stufe mixen. Gut gekühlt genießen.

GRÜNER SALAT-SMOOTHIE

Zutaten für 5 Portionen

1 Handvoll gemischter Salat
1 Avocado, 1 grüne Paprikaschote
1 Apfel, 1 Orange
1 TL Meerrettich, 1 TL Koriander
1 EL getrocknete Minze
Salz, frisch gemahlener Pfeffer

Zubereitungszeit ca. 15 Min.

1. Salat waschen und trocken schleudern. Avocado halbieren und entkernen. Fruchtfleisch mit einem Löffel entnehmen. Paprika putzen, waschen und grob würfeln.

2. Salat, Avocado und Paprika in einen Mixer geben und bis zur 500-Milliliter-Markierung mit Wasser auffüllen. Ca. 1 Minute auf mittlerer Stufe fein pürieren.

3. Apfel waschen, halbieren, Kerngehäuse entfernen und Fruchtfleisch grob würfeln. Orange schälen, weiße Haut entfernen und in Scheiben schneiden. Apfel und Orange mit in den Mixer geben, Gewürze zufügen und alles nochmals ca. 1 Minute mixen. In gut gekühlte Gläser füllen und genießen.

ROTE-BETE-ANANAS-SMOOTHIE

Zutaten für 2 Portionen

1 Apfel
200 g Ananas
200 g Rote Bete

Zubereitungszeit ca. 15 Min.

1. Apfel waschen, halbieren, Kerngehäuse entfernen und Fruchtfleisch grob würfeln. Ananas schälen, Strunk herausschneiden und Fruchtfleisch würfeln. Rote Bete putzen, schälen und grob würfeln.

2. Alles in einen Mixer geben, 300 Milliliter Wasser zugießen und schaumig pürieren. In gut gekühlte Gläser füllen und genießen.

TIPP

Der Smoothie kann mit etwas Kurkuma noch aufgepeppt werden. Während die Gelbwurz, auch Kurkuma genannt, in der ayurvedischen Medizin schon seit Jahrtausenden als Heilmittel dient, ist die „Zauberknolle" hierzulande vor allem als Gewürz bekannt. Durch seinen würzigen Geschmack sorgt es für ein besonderes Aroma.

SMOOTHIES MIT SUPERFOODS

GOJI-SMOOTHIE MIT LEINSAMEN

Zutaten für 2 Portionen

100 g Himbeeren
100 g Erdbeeren
3 EL Gojibeeren
100 g Heidelbeeren
2 EL Leinsamen, Agavendicksaft

Zubereitungszeit ca. 10 Min.

1. Beeren waschen, putzen oder gefroren verwenden. Einige Beeren für die Dekoration beiseitelegen.

2. Obst mit Leinsamen in einen Mixer geben und fein pürieren. Mit Agavendicksaft abschmecken, eventuell noch etwas Wasser auffüllen, nochmals kurz mixen und in Gläser füllen. Mit einem Fruchtspieß dekoriert servieren.

TIPP

Kleine Fruchtspieße können optisch schon einen Hinweis darauf geben, welche Früchte in dem Smoothie enthalten sind. Stecken Sie Himbeeren, Erdbeeren und Heidelbeeren abwechselnd auf einen Holzspieß und dekorieren Sie das Ganze noch mit etwas Minze. Statt den Fruchtspieß in den Smoothie zu stellen, können Sie ihn auch einfach auf den Rand des Glases legen. Übrigens, die Gojibeere zählt zu den Superfoods und gilt aufgrund ihres hohen Antioxidantien-Gehalts als Jungbrunnen und „Wundermittel" gegen Cellulite.

RED-POWER-
SMOOTHIE

Zutaten für 4 Portionen

20 Süßkirschen
2 Scheiben frische Ananas
2 große Kohlrabi-Blätter
2 EL Chia-Samen
1 EL geschälte Hanfsamen
1 TL gemahlene Flohsamenschalen
1 Prise Salz

Zubereitungszeit ca. 15 Min.

1. Kirschen putzen, waschen und entsteinen. Ananas schälen, Strunk herausschneiden und Fruchtfleisch würfeln. Kohlrabi-Blätter waschen, putzen und trocken schütteln.

2. Alle Zutaten in einen Mixer geben und mit Wasser bis zur 1-Liter-Markierung auffüllen. Ca. 2 Minuten auf höchster Stufe mixen. Smoothie in Gläser füllen und servieren.

TIPP

Flohsamenschalen wirken als sogenanntes Quellmittel: Gelangen die Schleimstoffe in den Darm, binden sie dort Wasser und quellen auf. Dadurch vergrößert sich das Volumen des Darminhalts, die Verdauung wird angeregt und eine abführende Wirkung unterstützt. Wer über einen längeren Zeitraum Flohsamenschalen einnimmt, kann seinen Cholesterinspiegel im Blut senken.

BLAUBEER-INGWER-SMOOTHIE

Zutaten für 1 Portion

2 Orangen, ½ Zitrone, 1 kleiner Apfel
1 Handvoll Blau- bzw. Heidelbeeren (frisch oder TK-Produkt)
1 cm Ingwer

Zubereitungszeit ca. 5 Min.

1. Orangen und Zitrone auspressen, Saft auffangen. Apfel waschen, halbieren, Kerngehäuse entfernen und Fruchtfleisch klein würfeln. Heidelbeeren waschen, trocken schütteln oder gefroren verwenden. Ingwer schälen und grob hacken.

2. Alle Zutaten in einen Mixer geben und fein pürieren. Mit Eiswürfeln ist dieser Smoothie im Sommer herrlich erfrischend.

INFO

Frischer Ingwer liefert eine geballte Ladung an ätherischen Ölen sowie Gingerol und Bitterstoffen. Er fördert die Entschlackung und den Abtransport von Giftstoffen im Körper, hemmt Entzündungen und schützt vor Arterienverkalkung. Die Ingwerwurzel mag es trocken und kühl und hält sich ungeschält im Gemüsefach des Kühlschranks zwei bis drei Wochen.

MATCHA-BANANEN-SMOOTHIE

Zutaten für 1 Portion

1 kleine Banane
Zitronensaft
3 EL Naturjoghurt
1 g fein gemahlenes Matcha-Pulver
evtl. 1 EL Honig

Zubereitungszeit ca. 5 Min.

1. Banane schälen, klein schneiden und mit Zitronensaft beträufeln.

2. Banane, Zitronensaft und Joghurt in einen Mixer geben und schaumig pürieren. Matcha-Pulver zufügen und nochmals kräftig durchmischen. Wer möchte, kann den Smoothie noch mit Honig süßen. Anschließend in ein gut gekühltes Glas füllen und genießen.

INFO

Matcha ist ganz fein pulverisierter Tee, der vor Krebs und Diabetes schützen soll. Zugleich ist er ein Wundermittel für die Schönheit, denn er hilft als Antioxidans, die Haut jung und faltenfrei zu erhalten. Als Kaffee-Ersatz ist er beliebt als Muntermacher am Morgen. In Smoothies sorgt er für einen besonderen Geschmack und kann sowohl für Frucht- als auch für Gemüse-Smoothies verwendet werden.

HIMBEER-SMOOTHIE MIT CRANBERRYS

Zutaten für 2 Portionen

150 g Himbeeren, 150 g Cranberrys, 250 ml roter Traubensaft,
2 EL Zitronensaft, Honig nach Belieben

Zubereitungszeit ca. 10 Min. (+ ca. 20 Min. Kühlzeit)

1. Himbeeren und Cranberrys putzen, waschen und trocken tupfen.
Im Gefrierfach ca. 20 Minuten anfrieren lassen.

2. Beeren in einen Mixer geben, Traubensaft und Zitronensaft zufügen und
fein pürieren. Mit Honig süßen und gut gekühlt genießen.

ARONIA-SMOOTHIE

Zutaten für 1 Portion

100 g Aroniabeeren, 1 Vanilleschote, 750 ml Traubensaft,
2 große Tonkabohnen, etwas Honig, 1 Prise Zimt

Zubereitungszeit ca. 5 Min.

1. Aroniabeeren waschen und trocken tupfen. Vanilleschote halbieren und
Mark mit dem Messer herauskratzen.

2. Beeren, Vanillemark, Traubensaft und Tonkabohnen in einen Mixer geben
und fein pürieren. Mit Honig und Zimt abschmecken und gut gekühlt servieren.

WEIZENGRAS-SMOOTHIE

Zutaten für 4 Portionen

3 Orangen
1 Zitrone
400 g helle, kernlose Trauben
400 g Weizengras

Zubereitungszeit ca. 15 Min.

1. Orangen und Zitrone auspressen. Saft auffangen. Trauben waschen und trocken tupfen. Weizengras abschneiden, waschen und trocken tupfen.

2. Trauben, Weizengras, Orangen- und Zitronensaft in einen Mixer geben und fein pürieren. In Gläser füllen und sofort genießen.

Superfoods

Super-Smoothies im Handumdrehen

Als Superfoods werden Lebensmittel bezeichnet, die eine besonders hohe Nährstoffdichte besitzen und einen außerordentlich hohen Anteil an Vitaminen und Mineralstoffen haben. Dabei handelt es sich um altbewährte Nahrungsmittel wie Blaubeeren oder Ingwer, deren gesunde Eigenschaften schon lange bekannt sind sowie um neu entdeckte Exoten wie Gojibeeren oder Matcha-Pulver, die erst seit kurzem ihren Weg auf unseren Speiseplan gefunden haben. Viele Superfoods beinhalten außerdem Antioxidantien, die unter anderem den Alterungsprozess aufhalten, indem sie die freien Radikale im Körper binden. Wer also seinen Stoffwechsel ankurbeln und seinem Körper mit jeder Menge Vitaminen und Antioxidantien etwas Gutes tun möchte, sollte seinen Smoothie immer mal wieder mit dem einen oder anderen Superfood mixen.

Gojibeeren beinhalten eine große Menge an Carotinoiden, die vor allem die Netzhaut schützen.

Ballaststoffreiche **Chia-Samen** überzeugen vor allem mit ihrem hohen Anteil an Kalzium und Eisen.

Cranberrys strotzen vor Vitam C und Antioxidantien und sollen bei Blasenentzündungen helfen.

Le **Acai-Beere** ist reich an den ~~ta~~minen A, C und E und ungesät~~g~~ten Fettsäuren.

Die gesunden Fette der vitaminreichen **Avocado** wirken sich positiv auf den Cholesterinspiegel aus.

Beeren zählen allgemein zu den Superfoods, vor allem die **Blaubeere** wirkt sich positiv aufs Herz aus.

~~akao~~ besitzt viel Magnesium und ~~sen~~. **Weizengras** weist eine Fülle ~~an~~ Vitaminen und Vitalstoffen auf.

Matcha-Pulver liefert viele Mineral- und Ballaststoffe. Genauso wie die nussig schmeckenden **Hanf-Samen**.

Leinsamen wirken verdauungsfördernd. Und **Ingwer** hilft bei Übelkeit und regt den Stoffwechsel an.

ACAI-SMOOTHIE MIT KOKOSNUSS

Zutaten für 1 Portion

1 Kiwi
½ Banane
½ Mango
250 g Kokosnuss-Joghurt
125 ml Acai-Saft
1 TL Honig oder Ahornsirup

Zubereitungszeit ca. 5 Min.

1. Kiwi und Banane schälen und klein schneiden. Mango schälen, halbieren und entkernen. Fruchtfleisch würfeln.

2. Kiwi, Banane und Mango zusammen mit Joghurt und Acai-Saft in einen Mixer geben und fein pürieren. Nach Belieben mit Honig oder Ahornsirup süßen. In ein Glas füllen und gut gekühlt genießen.

TIPP

Statt Kokosnuss-Joghurt können Sie auch Kokosnuss-Milch oder Kokosnuss-Wasser verwenden. Kokosnuss-Milch wird aus dem Fruchtfleisch der Kokosnuss gewonnen, während als Kokosnuss-Wasser die klare Flüssigkeit bezeichnet wird, die sich innerhalb der Frucht befindet. Für die Herstellung von Kokosnuss-Milch wird das Fruchtfleisch zunächst geraspelt und anschließend ausgepresst. Die so gewonnene Kokosmilch ist besonders dickflüssig und enthält deutlich mehr Fett als Kokoswasser.

SMOOTHIE „AVOCADO DREAM"

Zutaten für 4 Portionen

1 Avocado
1 kleine Banane
4 Brombeeren
1 große Pflaume
Scheibe von 1 unbehandelten Zitrone
1 Prise Zimt

Zubereitungszeit ca. 10 Min.

1. Avocado halbieren und entkernen. Fruchtfleisch mit einem Löffel entnehmen und in einen Mixer geben. Banane schälen und klein schneiden. Brombeeren waschen und trocken tupfen. Pflaume waschen, halbieren und Stein entfernen.

2. Obst zur Avocado in den Mixer geben, Zitronenscheibe und Zimt zufügen und mit Wasser bis zur 1-Liter-Markierung auffüllen. Ca. 1–2 Minuten auf höchster Stufe mixen. Soll der Smoothie dünnflüssiger sein, noch etwas Wasser zugeben und nochmals kurz mixen. In gut gekühlte Gläser füllen und genießen.

SALAT-SMOOTHIE MIT GOJIBEEREN

Zutaten für 2 Portionen

2 EL Gojibeeren, 1 cm Ingwer, 20 g Blattsalat,
2 TL Sonnenblumenkerne, 2 TL Kokosraspel

Zubereitungszeit ca. 5 Min.

1. Gojibeeren waschen und trocken tupfen. Ingwer schälen und grob hacken. Salat waschen und trocken schütteln.

2. Alle Zutaten in einen Mixer geben und ca. 2–3 Minuten auf höchster Stufe mixen. Nach Belieben mit Wasser auffüllen und nochmals kurz mixen. In Gläser füllen und gut gekühlt genießen.

TIPP

Gojibeeren werden in der chinesischen Medizin verwendet und stecken voller Vitamin C und sekundärer Pflanzenstoffe. Die Beere gilt als Anti-Aging-Frucht, soll die Sehkraft und das Immunsystem stärken, gute Laune machen und Energie bringen. Wer Nachschub für leckere Smoothies möchte, kann sich einen Goji-Strauch im Handel kaufen. Die Pflanze ist allerdings nicht winterhart und muss in der kalten Jahreszeit im Haus stehen.

HIMBEER-KOKOS-SMOOTHIE

Zutaten für 1 Portion

2 Bananen, 1 ½ Tassen Himbeeren (frisch oder TK-Produkt), 2 Datteln,
1 TL Kokosöl, 1 EL Chia-Samen, 1 EL Hanfsamen,
1 EL grünes Pflanzenpulver, Kokosraspel, Zimt, Minze

Zubereitungszeit ca. 5 Min.

1. Bananen schälen und klein schneiden. Himbeeren verlesen, waschen und trocken tupfen oder gefroren verwenden. 2 Himbeeren für die Dekoration beiseitelegen. Datteln schälen und Kern entfernen.

2. Bananen, Himbeeren und Datteln in einen Mixer geben. Kokosöl, Samen und Pflanzenpulver zufügen und etwas Wasser zugeben. Auf höchster Stufe fein pürieren. Ist der Smoothie noch zu dickflüssig, etwas Wasser zugeben und nochmals kurz mixen.

3. In ein Glas füllen, mit Kokosraspel und Zimt bestreuen und mit Himbeeren und Minze dekorieren.

TIPP

Chia-Samen sind richtige kleine Powerpakete. Sie liefern jede Menge Eisen, Kalzium, Omega-3-Fettsäuren und Aminosäuren. Zudem enthalten sie einen hohen Gehalt an Antioxidantien. Diese schützen die Zellen und wirken als Anti-Aging-Mittel für eine schöne Haut. Chia-Samen, Hanfsamen und grünes Pflanzenpulver erhalten Sie in Bio- und Naturkostläden, im Reformhaus oder online.

GOJI-SMOOTHIE MIT MATCHA

Zutaten für 2 Portionen

5 Orangen, 2 EL Gojibeeren, 2 TL Matcha-Pulver, 1 Spritzer Zitronensaft
Agavendicksaft

Zubereitungszeit ca. 10 Min.

Orangen auspressen und Saft auffangen. Gojibeeren waschen und mit Orangensaft, Matcha-Pulver und Zitronensaft in einen Mixer geben und fein pürieren. Mit Agavendicksaft abschmecken, in Gläser füllen und kalt genießen.

GRÜNKOHL-MANGO-SMOOTHIE

Zutaten für 2 Portionen

1 Blatt Grünkohl, 1 Orange, 1 Mango

Zubereitungszeit ca. 10 Min.

Grünkohlblatt waschen, trocken schütteln und grob in Streifen schneiden. Orange schälen, weiße Haut entfernen und in Scheiben schneiden. Mango schälen, entkernen und würfeln. Alle Zutaten in einen Mixer geben und ca. 2 Minuten auf höchster Stufe mixen. In gekühlte Gläser füllen und genießen.

ANANAS-ERDBEER-SMOOTHIE

Zutaten für 2 Portionen

200 g Ananas
200 g Erdbeeren (frisch oder TK-Produkt)
1 kleine Banane

Zubereitungszeit ca. 10 Min.

1. Ananas schälen, Strunk herausschneiden und Fruchtfleisch würfeln. Erdbeeren waschen, putzen und trocken tupfen oder gefroren verwenden. Banane schälen und klein schneiden.

2. Alle Zutaten in einen Mixer geben und fein pürieren. Wenn Sie frisches Obst verwenden, geben Sie einige Eiswürfel dazu, dann wird der Smoothie noch erfrischender.

CHIA-SMOOTHIE MIT BASILIKUM

Zutaten für 1 Portion

1 EL Chia-Samen
½ Banane
1 Handvoll Basilikumblätter
1 unbehandelte Limette
120 ml Milch
3 EL Joghurt

Zubereitungszeit ca. 20 Min.

1. Chia-Samen für 10–15 Minuten in ca. 4 Esslöffel Wasser einweichen.

2. Banane schälen und klein schneiden. Basilikum waschen und trocken schütteln. Limette waschen und Schale abreiben. Limette halbieren und den Saft auspressen.

3. Alle Zutaten in einen Mixer geben und ca. 2 Minuten auf höchster Stufe mixen. In ein gut gekühltes Glas abfüllen und sofort genießen.

TIPP

Smoothies mit Zitrusfrüchten können Sie mit Schalenspiralen wunderbar dekorieren. Besonders gut sind Orangen, Zitronen oder Limetten geeignet. Waschen Sie die unbehandelte Zitrusfrucht heiß ab und reiben sie trocken. Mit dem Sparschäler schälen Sie eine möglichst lange und dünne Schalenspirale ab. Ist der Smoothie fertig gemixt, füllen Sie ihn in ein Glas und hängen die Spirale an den Glasrand.

Die Dos & Don'ts der Smoothies

Viel hilft nicht immer viel

Beim Mischen von Smoothies ist der Fantasie grundsätzlich keine Grenze gesetzt. Sie können verschiedene Obst- und Gemüsesorten in einem Getränk vermischen und zusätzlich noch Öle, Gewürze, Kräuter, Spezial-Pulver oder Nüsse und Chia-Samen hinzugeben. Doch Vorsicht: Viele Mägen können eine solche Nahrungsmittelvielfalt nicht gut verdauen. Empfohlen wird daher, nicht mehr als drei bis fünf verschiedene Lebensmittel beim Smoothie-Mixen zu verwenden.

FRÜHSTÜCKS-SMOOTHIE

Zutaten für 2 Portionen

1 Banane, 10 Zwetschgen
1 Handvoll Salat
2 TL stark entöltes Kakaopulver

Zubereitungszeit ca. 5 Min.

1. Banane schälen und klein schneiden. Zwetschgen waschen und trocken tupfen. Zwetschgen halbieren und Steine entfernen. Salat waschen und trocken schütteln.

2. Banane, Zwetschgen und Salat in einen Mixer geben, Kakaopulver darüberstreuen und mit Wasser bis zur 1-Liter-Markierung auffüllen. Ca. 1–2 Minuten auf höchster Stufe mixen. In gut gekühlte Gläser abfüllen und sofort genießen.

TIPP

Reife Zwetschgen lassen sich oft nur mühsam entsteinen, wenn das Steinobst schon recht weich ist. Einfacher geht es, wenn Sie die Früchte kurz ins Tiefkühlfach legen. Dadurch werden sie fester und das Entsteinen geht leichter von der Hand.

GOJI-SMOOTHIE MIT APFEL

Zutaten für 2 Portionen

30 g getrocknete Gojibeeren und einige Beeren zum Garnieren
1 Banane
1 Apfel

Zubereitungszeit ca. 10 Min. (+ ca. 3 Std. Einweichzeit)

1. Gojibeeren gründlich waschen. In 100 Milliliter Wasser ca. 3 Stunden einweichen.

2. Banane schälen und klein schneiden. Apfel waschen, halbieren, Kerngehäuse entfernen und Fruchtfleisch klein würfeln.

3. Gojibeeren mit dem Einweichwasser in einen Mixer geben, Banane und Apfel zufügen und ca. 2 Minuten auf höchster Stufe pürieren. Nach Bedarf noch etwas Wasser zugeben und nochmals kurz mixen. Smoothie in Gläser füllen, mit einigen Gojibeeren garnieren und sofort servieren.

PAPAYA-BANANEN-SMOOTHIE

Zutaten für 2 Portionen

½ Papaya
1 Banane
½ Zitrone
3 Orangen
1 Msp. geriebener Ingwer
Minze

Zubereitungszeit ca. 15 Min.

1. Papaya schälen, halbieren, Kerne und Fasern entfernen. Fruchtfleisch grob würfeln. Banane schälen und klein schneiden. Zitrone und Orangen auspressen. Saft auffangen.

2. Obst mit Zitronen- und Orangensaft in einen Mixer geben und fein pürieren. In zwei Gläser füllen, mit Ingwer bestreuen und mit Minze dekorieren.

TIPP

Wenn Sie frische Papayas einkaufen, ist ein Drucktest empfehlenswert: Lässt sich die Frucht mit den Fingern leicht eindrücken, ist sie reif. Reife Papayas erkennen Sie auch an ihrer grün-gelben oder grünen Schale mit gelben Flecken darauf, manchmal mit kleinen dunklen Punkten. Überreife Papayas haben häufig braune Flecken und eine schrumpelige Schale. Diese eignen sich nicht mehr für Smoothies.

SALAT-SMOOTHIE

Zutaten für 1 Portion

100 g Feldsalat, 8 Blätter Kopfsalat, 1 Apfel, 2 Kiwis,
Saft und Schale von ½ unbehandelten Zitrone, 1 EL Chia-Samen

Zubereitungszeit ca. 10 Min.

1. Salat waschen und trocken schütteln. Apfel waschen, halbieren, Kerngehäuse entfernen und würfeln. Kiwi schälen und in Scheiben schneiden.

2. Obst und Salat in einen Mixer geben, Zitronensaft und -schale sowie Chia-Samen zufügen und ca. 800 Milliliter Wasser zugießen. Auf höchster Stufe mixen, abfüllen und gut gekühlt genießen.

MAQUI-SMOOTHIE

Zutaten für 1 Portion

½ Grapefruit, 150 ml Granatapfelsaft, 2 TL Maqui-Pulver,
½ TL gemahlener Ingwer, 100 ml kalter grüner Tee

Zubereitungszeit ca. 10 Min.

1. Grapefruit so schälen, dass die weiße Haut vollständig entfernt wird. Filets zwischen den Trennhäuten herausschneiden, Kerne entfernen.

2. Grapefruit, Granatapfelsaft, Maqui-Pulver und Ingwer in einen Mixer geben und fein pürieren. Grünen Tee zugießen und nochmals kurz mixen. In ein gut gekühltes Glas abfüllen und sofort genießen.

MANGO-INGWER-SMOOTHIE MIT KIWI

Zutaten für 1 Portion

½ Mango
2 Kiwis
1 cm Ingwer
4 Orangen
1 Limette

Zubereitungszeit ca. 10 Min.

1. Mango schälen, halbieren und entkernen. Kiwis schälen. Obst in Würfel schneiden. Ingwer schälen und grob hacken. Orangen und Limette auspressen. Saft auffangen.

2. Mango, Kiwis und Ingwer in einen Mixer geben, Orangen- und Limettensaft zugießen und zu einem cremigen Smoothie mixen. In ein gut gekühltes Glas abfüllen und sofort genießen.

PINKER CHIA-SMOOTHIE

Zutaten für 1 Portion

2 EL Chia-Samen
200 g Waldbeerenmischung (frisch oder TK-Produkt)
1 Orange, ½ cm frischer Ingwer
150 g Naturjoghurt, Minze

Zubereitungszeit ca. 15 Min.

1. Chia-Samen mit ca. 50 Milliliter Wasser vermischen und ca. 5 Minuten einweichen. Einige Samen für die Dekoration beiseitelegen.

2. Beeren waschen und trocken tupfen oder gefroren verwenden. Einige Heidelbeeren für die Dekoration beiseitelegen. Orange auspressen. Ingwer schälen und grob hacken.

3. Beeren, Joghurt, Orangensaft, Ingwer und Chia-Samen mit dem Einweichwasser in einen Mixer geben und auf höchster Stufe zu einem cremigen Smoothie mixen. Mit Heidelbeeren, Minze und Chia-Samen dekorieren und sofort genießen.

TIPP

Chia-Samen gehören zu den Superfoods und quellen in Flüssigkeiten zu einem Gel auf. So sind sie ein perfekter und gesunder Sattmacher, der auch mal eine Mahlzeit ersetzen kann. Zudem stecken die Samen voller essenzieller Nährstoffe, Kalzium, Omega-3-Fettsäuren und Aminosäuren.

SMOOTHIES MIT MILCH UND MILCH-PRODUKTEN

BUTTERMILCH-BANANE-SMOOTHIE

Zutaten für 2 Portionen

1 Banane
400 ml Buttermilch
2 EL Instant-Haferflocken
1 Spritzer Zitronensaft
1 Prise Salz
1 TL Honig

Zubereitungszeit ca. 5 Min.

1. Banane schälen, klein schneiden und in einen Mixer geben.

2. Buttermilch, Haferflocken, Zitronensaft, Salz und Honig zufügen. Alles kräftig durchmixen, in zwei Gläser füllen und servieren.

TIPP

Verwenden Sie für Smoothies am besten Instant-Haferflocken. Sie lösen sich sehr gut auf und setzen sich nicht am Boden des Glases ab. Instantflocken bestehen aus 100 Prozent Vollkorn und sind für kalte und warme Getränke bestens geeignet.

WEINBERGPFIRSICH-SMOOTHIE

Zutaten für 2 Portionen

2 Weinbergpfirsiche
3 Aprikosen
½ Banane
200 ml Buttermilch
1 Spritzer Zitronensaft

Zubereitungszeit ca. 10 Min.

1. Pfirsiche und Aprikosen kreuzweise einritzen, mit kochendem Wasser überbrühen, kurz ziehen lassen, die Haut abziehen und entsteinen. Banane schälen und klein schneiden.

2. Alle Zutaten in einen Mixer geben und gut pürieren. In gut gekühlten Gläsern servieren und genießen.

TIPP

Weinbergpfirsiche sind besonders aromatisch und werden in Weinbaugebieten, zum Beispiel an der Mosel, angebaut. Manche dieser Pfirsiche kommen im Spätsommer auch aus Frankreich in den Handel. Wenn Sie keine Weinbergpfirsiche bekommen, können Sie für dieses Rezept auch die klassischen Pfirsiche verwenden. Probieren Sie aber unbedingt einmal die Variante mit Weinbergpfirsichen aus.

HIMBEER-SMOOTHIE MIT ORANGE

Zutaten für 2 Portionen

250 g Himbeeren (frisch oder TK-Produkt)
3 Orangen
200 g Naturjoghurt

Zubereitungszeit ca. 10 Min.

1. Himbeeren verlesen, waschen und trocken tupfen bzw. gefroren verwenden. Orangen auspressen und Saft auffangen.

2. Himbeeren mit Orangensaft und Joghurt in einen Mixer geben und zu einem cremigen Smoothie pürieren. In Gläser füllen und mit einem Trinkhalm servieren. Wenn Sie frische Himbeeren verwenden, können Sie noch 1–2 Eiswürfel zugeben. So schmeckt der Himbeer-Orangen-Smoothie noch erfrischender.

MANGO-LIMETTEN-SMOOTHIE

Zutaten für 1 Portion

1 große Mango
250 g Naturjoghurt
Saft und Schale von 1 unbehandelten Limette
Honig nach Belieben
Minze

Zubereitungszeit ca. 15 Min.

1. Mango schälen, halbieren und entkernen. Fruchtfleisch würfeln. Einige Würfel für die Dekoration beiseitelegen.

2. Mango in einen Mixer geben, Joghurt, Limettensaft und -schale zufügen und alles gut mixen. Nach Belieben mit etwas Honig süßen.

3. Smoothie in ein gekühltes Glas füllen, mit einigen Mangostückchen und Minzblättern dekoriert servieren.

INFO

Mangos sind exotische Wunderfrüchte: süß, saftig und voller gesunder Inhaltsstoffe. Der hohe Vitamin-C-Gehalt und das in großen Mengen enthaltene Vitamin A sind besondere Pluspunkte. Reife Mangos erkennen Sie daran, dass sie bei etwas Druck nachgeben und angenehm süßlich duften. Da Südfrüchte wie Mangos, Bananen und Co. keine niedrigen Temperaturen gewohnt sind, sollten Sie tropische Früchte nicht im Kühlschrank, sondern am besten bei Zimmertemperatur aufbewahren.

KIRSCH-JOGHURT-SMOOTHIE

Zutaten für 2 Portionen

200 g Kirschen, 300 g Joghurt, 2 EL Honig, 2 Schuss Milch

Zubereitungszeit ca. 10 Min.

Kirschen waschen und entsteinen. Alle Zutaten in einen Mixer geben und fein pürieren. In Gläser füllen, nach Belieben dekorieren und sofort genießen.

BANANEN-KIWI-SMOOTHIE

Zutaten für 2 Portionen

200 g Bananen, 220 g Kiwis, 100 ml Orangensaft, 30 ml Zitronensaft, 200 g Naturjoghurt, 2 EL Honig

Zubereitungszeit ca. 15 Min.

1. Banane und Kiwi schälen und Fruchtfleisch in Scheiben schneiden. Obst in einen Mixer geben und pürieren.

2. Orangen- und Zitronensaft, Joghurt und Honig zufügen und alles nochmals gut durchmixen. In Gläser füllen und mit 1–2 Eiswürfeln kalt genießen.

JOSTABEER-JOGHURT-SMOOTHIE

Zutaten für 1 Portion

125 g Jostabeeren
150 g Naturjoghurt
1 Spritzer Zitronensaft
1 TL Honig oder Agavendicksaft
Milch nach Belieben

Zubereitungszeit ca. 5 Min.

1. Jostabeeren putzen, waschen und trocken tupfen. In einen Mixer geben.

2. Joghurt und Zitronensaft zufügen und kräftig mixen. Mit Honig oder Agavendicksaft süßen und nochmals kurz durchmixen. Nach Belieben mit Milch auffüllen, umrühren und genießen.

ERDBEER-JOGHURT-SMOOTHIE

Zutaten für 2 Portionen

400 g Erdbeeren
200 g Naturjoghurt
60 ml Sahne
Puderzucker nach Belieben

Zubereitungszeit ca. 15 Min.

1. Erdbeeren waschen, putzen und trocken tupfen.

2. Erdbeeren, Joghurt und Sahne in einen Mixer geben und cremig pürieren. Nach Belieben mit Puderzucker süßen und nochmals kurz mixen.

3. In gekühlte Gläser füllen und den Erdbeer-Smoothie mit einem Trinkhalm servieren.

INFO

Erdbeeren reifen nicht nach und sollten daher immer frisch verwendet werden. Putzen Sie die süßen Früchte niemals vor dem Waschen. Das Wasser kann sonst in die Erdbeere eindringen und verwässert den Geschmack. Zum Putzen verwenden Sie am besten ein scharfes Küchenmesser. Setzen Sie es mit der Spitze unter der Blattrosette an und heben Sie den Strunk mitsamt dem Stielansatz vorsichtig heraus.

Milchalternativen

Laktose muss nicht sein

Viele Smoothie-Rezepte beinhalten Milch oder Milchprodukte, die Meinungen zu
Kuhmilch klaffen jedoch weit auseinander. Die Befürworter betonen immer wieder
die vielen Vorteile von Milch: knochenstärkendes Kalzium, hochwertige Proteine
und Schutz vor Gicht und Bluthochdruck. Auf der anderen Seite werden die Stimmen
gegen den Verzehr von Kuhmilch immer lauter. Neben der Laktoseintoleranz, bei
der der Körper den Milchzucker nicht verdauen kann, sind es vor allem ökologische
und tierrechtliche Argumente, die gegen den Kuhmilchverzehr sprechen.
Zum Glück gibt es aber jede Menge Milchalternativen, die je nach Geschmack die
Milch im Smoothie ersetzen können.

Die cremige **Mandelmilch** ist süßlich-nussig und vor allem bei Kindern beliebt. Sie ist jedoch eine der teuersten Milchalternativen.

Für exotische Smoothies ist die sahnige **Kokosmilch** mit ihrem aromatischen Eigengeschmack zu empfehlen. Auch Kokosjoghurt macht in Smoothies eine gute Figur.

Sojamilch wird aus der Sojabohne hergestellt und schmeckt auch leicht bohnig. **Hafermilch** schmeckt eher süßlich und ist von der Konsistenz etwas sämiger.

Wer es sehr süß und nussig mag, sollte zur **Haselnuss- milch** greifen. Eine leichte Süße besitzt **Reismilch**, die aus Vollkornreis hergestellt wird.

BROMBEER-SMOOTHIE

Zutaten für 3 Portionen

125 g Brombeeren
2 Bananen
2 EL Traubenzucker
Saft von ½ Zitrone
400 ml Milch

Zubereitungszeit ca. 10 Min.

1. Brombeeren waschen und trocken tupfen. Bananen schälen und klein schneiden.

2. Obst in einen Mixer geben, Traubenzucker, Zitrone und Milch zufügen und zu einem cremigen Smoothie mixen. In gut gekühlten Gläsern servieren und sofort genießen.

INFO

Beerenfrüchte sind reich an Vitaminen und Mineralstoffen. Sie enthalten kein Fett, aber reichlich Ballaststoffe, sind kalorienarm und äußerst schmackhaft. Schwarze Johannisbeeren stärken die Abwehrkräfte, rote reinigen das Blut. Auch Brombeeren wirken blutreinigend. Für die blauschwarze Farbe sind Anthocyane verantwortlich. Brombeeren gehören zu den empfindlichen Früchten und sind im Kühlschrank ein bis zwei Tage lang haltbar. Sie können die Beeren auch einfrieren und haben so immer einen Vorrat für einen leckeren Smoothie zu Hause.

STACHELBEER-CASSIS-SMOOTHIE

Zutaten für 2 Portionen

100 g Stachelbeeren
50 g schwarze Johannisbeeren
50 g Naturjoghurt
150 g Milch
1 Spritzer Zitronensaft
Agavendicksaft nach Belieben

Zubereitungszeit ca. 10 Min.

1. Stachelbeeren und Johannisbeeren putzen, waschen und trocken tupfen.

2. Obst in einen Mixer geben. Joghurt, Milch und Zitronensaft zugeben. Alles gut pürieren und nach persönlichem Geschmack mit Agavendicksaft süßen. In gut gekühlte Gläser füllen und sofort genießen.

ORANGE-DATTEL-SMOOTHIE

Zutaten für 1 Portion

5 getrocknete Datteln
Saft und Schale von 2 unbehandelten Orangen
250 g Naturjoghurt
Honig oder Agavendicksaft nach Belieben

Zubereitungszeit ca. 5 Min.

1. Datteln vom Kern befreien und klein schneiden.

2. Orangensaft und -schale sowie Joghurt zufügen und alles kräftig mixen. Nach Belieben mit etwas Honig oder Agavendicksaft süßen und sofort genießen.

TIPP

Agavendicksaft ist eine gute Alternative für Zucker oder Honig und somit sehr gut für eine vegane Ernährungsweise geeignet. Die pflanzliche Fruchtsüße wird verwendet für Smoothies, Eiscremes, Puddings, Rohkostkuchen und vieles mehr.

MANGO-PAPAYA-DRINK

Zutaten für 1 Portion

¼ Papaya, ¼ Mango, 150 g fettarmer Joghurt,
1 TL aktiver Manuka-Honig, Zitronensaft

Zubereitungszeit ca. 5 Min.

Früchte schälen, in grobe Stücke zerteilen und mit Joghurt im Mixer gut pürieren. Mit Manuka-Honig süßen, mit etwas Zitronensaft abschmecken und kalt servieren.

KIWI-MANDARINE-SMOOTHIE

Zutaten für 2 Portionen

2 Kiwis, 1 Mandarine, ½ Banane, 100 ml Buttermilch,
1 TL Honig, Zitronensaft

Zubereitungszeit ca. 10 Min.

Kiwis und Mandarine schälen und Fruchtfleisch grob würfeln. Banane schälen und klein schneiden. Obst und Buttermilch im Mixer fein pürieren. Mit Honig süßen und mit etwas Zitronensaft abschmecken. Nochmals kurz mixen und sofort genießen.

BUTTERMILCH-MANGO-SMOOTHIE

Zutaten für 4 Portionen

1 Mango
500 g Buttermilch
1 Spritzer Zitronensaft
Honig nach Belieben

Zubereitungszeit ca. 10 Min.

1. Mango schälen, halbieren und entkernen. Fruchtfleisch würfeln. Mit Buttermilch in einen Mixer geben und kräftig durchmixen.

2. Mit Zitronensaft und Honig abschmecken, nochmals kurz mixen und in gekühlte Gläser füllen. Sofort genießen oder im Kühlschrank für einige Minuten kalt stellen.

Die Dos & Don'ts der Smoothies

Auf Stärke achten

Stärkehaltige Lebensmittel, wie z. B. Sellerie, Karotten, Pastinaken, Kohlrabi oder Rüben, enthalten komplexe Kohlenhydrate, die vom Körper schwerer verdaut werden. Auf diese Weise wird ein besonders hoher Sättigungsgrad erreicht. Doch Vorsicht: Kombiniert man diese mit einem zu hohen Gehalt von einfachen Kohlenhydraten aus Zitrusfrüchten (z. B. Zitrone oder Orange), fällt der Verdauungsprozess insgesamt noch länger aus und die Gefahr von Blähungen erhöht sich. Wählen Sie hier also immer ein ausgewogenes Mischverhältnis.

BLAUBEER-SMOOTHIE

Zutaten für 2 Portionen

200 g Blau- bzw. Heidelbeeren und einige Beeren zum Dekorieren
1 Banane
225 g Joghurt
2 TL Vanillezucker

Zubereitungszeit ca. 5 Min.

1. Heidelbeeren waschen und trocken tupfen. Banane schälen und klein schneiden.

2. Alle Zutaten in einen Mixer geben und kräftig durchmixen. In gekühlte Gläser füllen, mit einigen Heidelbeeren dekorieren und mit einem Trinkhalm genießen.

TIPP

Vanillezucker können Sie schnell und einfach selbst herstellen. Wenn Sie das Mark einer Vanilleschote zum Backen benutzt haben, heben Sie die Schote auf, schneiden Sie sie klein und geben sie in ein verschließbares Gefäß. Etwas Zucker daraufstreuen und das Glas ab und zu schütteln. So kann sich das Vanillearoma noch besser verteilen.

JOHANNISBEER-SMOOTHIE

Zutaten für 4 Portionen

250 g Johannisbeeren
Saft von ½ Limette
150 g Joghurt
Agavendicksaft oder Honig nach Belieben

Zubereitungszeit ca. 10 Min.

1. Johannisbeeren waschen und von den Rispen streifen. Vier schöne Rispen für die Dekoration beiseitelegen.

2. Johannisbeeren, Limettensaft und Joghurt in einen Mixer geben und auf hoher Stufe pürieren. Nach Belieben mit Agavendicksaft oder Honig süßen und nochmals kurz mixen. Auf Gläser verteilen, eventuell Eiswürfel zugeben, mit Johannisbeerrispen dekorieren und sofort servieren.

TIPP

Dieser Smoothie schmeckt sowohl mit roten, weißen oder schwarzen Johannisbeeren. Probieren Sie einfach aus, welche Geschmacksrichtung Ihr neuer Lieblings-Smoothie wird. Gekühlt sind Johannisbeeren nur für eine kurze Zeit haltbar, lassen sich jedoch gut einfrieren.

SAUERKIRSCH-SMOOTHIE

Zutaten für 2 Portionen

150 g entsteinte Sauerkirschen (TK-Produkt)
1 kleine Banane
100 ml Milch
125 g Magerquark
Vanillearoma und Zucker nach Belieben

Zubereitungszeit ca. 5 Min.

1. Sauerkirschen etwas antauen lassen. Banane schälen und klein schneiden. Früchte mit Milch und Magerquark in einen Mixer geben und kräftig durchmixen.

2. Nach Belieben mit Vanillearoma und Zucker abschmecken und nochmals kurz mixen. Mit Eiswürfeln ist der Sauerkirsch-Smoothie an heißen Sommertagen eine köstliche Erfrischung.

KOKOS-SMOOTHIE MIT ANANAS

Zutaten für 2 Portionen

300 g Ananas
1 Banane
½ Orange
150 g Naturjoghurt
200 ml Kokosmilch

Zubereitungszeit ca. 10 Min.

1. Ananas schälen, Strunk herausschneiden und Fruchtfleisch würfeln. Banane schälen und klein schneiden. Orange auspressen und Saft auffangen.

2. Alle Zutaten in einen Mixer geben. So lange mixen, bis alles eine gleichmäßige, glatte Konsistenz bekommen hat. In gekühlte Gläser füllen und sofort servieren.

INFO

Die „Königin der Tropenfrüchte" schmeckt säuerlich-süß und liefert mit ca. 20 Milligramm pro 100 Gramm einiges an Vitamin C. Zudem enthält die Ananas viele Mineralstoffe und Spurenelemente wie Kalzium, Kalium, Magnesium, Eisen, Phosphor und Zink. Mit 55 Kilokalorien pro 100 Gramm hat die exotische Frucht wenig Kalorien und eignet sich daher bestens für eine gesunde Ernährung.

BLUTORANGEN-DRINK

Zutaten für 1 Portion

2 Blutorangen, 100 ml Buttermilch, 1 EL Weizenkeime, 1 TL Manuka-Honig

Zubereitungszeit ca. 10 Min.

Blutorangen auspressen. Den frisch gepressten Saft mit Buttermilch und Weizenkeimen gut verquirlen und mit Manuka-Honig süßen. Kühl servieren und sofort genießen.

BIRNEN-JOGHURT-SMOOTHIE

Zutaten für 2 Portionen

300 g Birnen, 250 g Joghurt, Agavendicksaft oder Honig nach Belieben

Zubereitungszeit ca. 10 Min.

1. Birnen waschen, schälen, Kerngehäuse entfernen und Fruchtfleisch grob würfeln.

2. Birnen mit Joghurt in einen Mixer geben und fein pürieren. Nach Geschmack mit Agavendicksaft oder Honig süßen.

BANANE-PISTAZIEN-SMOOTHIE

Zutaten für 1 Portion

1 kleine Banane
100 g fettarmer Joghurt
½ TL Vanillezucker
1 Msp. Zimt
1 EL Zitronensaft
1 TL fein gehackte Pistazien zur Dekoration

Zubereitungszeit ca. 10 Min.

1. Von dem Ende der Banane ca. 3 Zentimeter abschneiden. Restliche Banane schälen. Mit Joghurt und Vanillezucker im Mixer gut verquirlen.

2. Mit Zimt und Zitronensaft abschmecken. In ein hohes Cocktail-Glas mit Pistazienrand gießen. Mit dem Bananenende garniert servieren.

KIRSCH-KEFIR-SMOOTHIE

Zutaten für 2 Portionen

120 g Kirschen
140 g Kirschsaft
300 ml Kefir
3 EL Limettensaft
Agavendicksaft oder Honig nach Belieben

Zubereitungszeit ca. 10 Min.

1. Kirschen waschen und entsteinen. 2 Paare zur Dekoration beiseitelegen.

2. Kirschen, Kirschsaft, Kefir und Limettensaft in einen Mixer geben und kräftig pürieren. Nach Belieben mit Agavendicksaft oder Honig abschmecken. In Gläser füllen, mit Kirschen dekorieren und genießen.

INFO

Im Kaukasus und in Tibet schwört man auf den täglichen Kefir-Genuss. Er wird auch als das Getränk der Hundertjährigen bezeichnet. Kefir enthält Mikroorganismen, die die Darmflora stabilisieren und die Verdauung anregen können. Der hohe Calciumgehalt stärkt Knochen und Zähne, die Vitamine nutzen dem Immunsystem. Wer sich einen Kefirpilz anschafft, kann seinen Kefir zu Hause selbst herstellen. Kefirpilze gibt es im Bioladen, im Reformhaus oder online.

DESSERT-SMOOTHIES

ERDNUSSBUTTER-SMOOTHIE

Zutaten für 1 Portion

½ Banane
180 g Vanilleeis
80 ml Milch
2 EL Erdnussbutter

Zubereitungszeit ca. 5 Min.

Banane schälen und klein schneiden. Mit Vanilleeis, Milch und Erdnussbutter in einen Mixer geben und schaumig pürieren. In ein Glas füllen und genießen.

TIPP

Erdnussbutter lässt sich ganz leicht selbst herstellen: 250 g geröstete, enthäutete, ungesalzene Erdnüsse mit einer Prise Salz in der Küchenmaschine zerkleinern. Ca. zwei Esslöffel Erdnussöl oder Sonnenblumenöl zugeben und zu einer cremigen Masse verrühren. In einem fest verschlossenen Gefäß können Sie die Erdnussbutter bis zu zwei Wochen im Kühlschrank aufbewahren.

MARZIPAN-BEEREN-SMOOTHIE

Zutaten für 4 Portionen

250 g Himbeeren (frisch oder TK-Produkt)
100 g Rohmarzipan
1 l kalte Milch

Zubereitungszeit ca. 10 Min.

1. Himbeeren verlesen, waschen und trocken tupfen bzw. gefroren verwenden. Marzipan in kleine Würfel schneiden.

2. Himbeeren und Marzipan in einen Mixer geben und zu einer cremigen Masse pürieren. Milch zugießen und kräftig durchmixen. Smoothie in Gläser füllen und sofort genießen.

MELONEN-VANILLE-SMOOTHIE

Zutaten für 1 Portion

150 g Cantaloupe-Melone
100 ml Milch
1 Kugel Vanilleeis
etwas Vanillemark

Zubereitungszeit ca. 5 Min.

1. Melone halbieren, vierteln und Kerne entfernen. Fruchtfleisch der Melone von der Schale trennen und in Stücke schneiden. Mit Milch in einen Mixer geben und fein pürieren.

2. Vanilleeis und Vanillemark zugeben und nochmals kräftig mixen. In ein Glas füllen und sofort genießen.

INFO

Hierzulande ist die Cantaloupe-Melone von März bis September erhältlich. Charakteristisch für diese Zuckermelone sind das orangefarbene Fruchtfleisch und eine beige bzw. hellbraune Schale. Die Melonen sind reich an Vitamin C, Beta-Carotin und Ballaststoffen.

BROMBEER-SMOOTHIE MIT EIS

Zutaten für 2 Portionen

250 g Brombeeren, 1 TL Zitronensaft
1 EL Puderzucker, 1 Pck. Vanillezucker
400 ml kalte Milch
2 EL Quark
2 Kugeln Vanilleeis
50 g Sahne
Minze zum Dekorieren

Zubereitungszeit ca. 10 Min.

1. Brombeeren waschen und trocken tupfen.

2. Brombeeren mit Zitronensaft, Puderzucker und ½ Päckchen Vanillezucker im Mixer pürieren. Milch, Quark und Vanilleeis zugeben und nochmals kräftig mixen. Sahne mit ½ Päckchen Vanillezucker steif schlagen und unterheben.

3. Smoothie in Gläser füllen und mit Minze dekoriert servieren. Mit einem Trinkhalm genießen.

TIPP

Für gehaltvolle Smoothies nehmen Sie am besten Vollmilch. Möchten Sie Kalorien sparen, sind Magermilch, Magerjoghurt und -quark bestens geeignet. Diese haben einen Fettanteil, den man vernachlässigen kann: lediglich 0,1–0,3 %.

Die Do's & Don'ts der Smoothies

Richtig lagern

Am besten werden Smoothies direkt nach der Zubereitung getrunken, um den größten Gehalt an Vitaminen zu sich zu nehmen. Wer hingegen Smoothies auf Vorrat oder zum Mitnehmen mischen will, sollte ein paar Tricks bei der Lagerung beachten. Smoothies müssen kühl gelagert werden. Im Kühlschrank sind sie dann bis zu drei Tagen haltbar. Theoretisch können Smoothies auch eingefroren werden. Jedoch verwässert sich hierbei oft der Geschmack. Bei der Verwendung von Tiefkühl-Produkten auf ein erneutes Frosten verzichten. Wichtig ist eine lichtarme Lagerung. Glasflaschen eignen sich gut zum Abfüllen, jedoch sollten die Flaschen nicht transparent sein, da einfallendes Licht wertvolle Vitamine zerstört.

SCHOKO-SMOOTHIE

Zutaten für 4 Portionen

6 EL Nuss-Nugat-Creme, 1 EL Honig, 2 EL feiner Zucker, 600 ml Milch,
100 g Sahne, Karamellsirup

Zubereitungszeit ca. 10 Min.

1. Nuss-Nugat-Creme, Honig, Zucker und Milch in einem Mixer kräftig mixen.

2. Sahne steif schlagen und unterheben. In Gläser füllen und den Schoko-Smoothie mit Karamellsirup toppen.

BANANEN-VANILLE-SMOOTHIE

Zutaten für 2 Portionen

2 sehr reife Bananen, 1 Kugel Vanilleeis, 250 ml Milch, Schokostreusel

Zubereitungszeit ca. 5 Min.

1. Bananen schälen und klein schneiden. Mit Vanilleeis und Milch kräftig in einem Mixer pürieren.

2. Smoothie in Longdrinkgläser füllen und mit Schokostreuseln dekorieren.

BRATAPFEL-SMOOTHIE

Zutaten für 4 Portionen

*4 Äpfel (z. B. Boskoop), 4 EL Honig, 2 EL Rosinen, 3 EL gemahlene Haselnüsse,
1 EL Butter, ½ TL Zimt, 2 EL Zitronensaft, 6 EL brauner Rum,
750 ml Milch, 4 Kugeln Vanilleeis, Fett für die Form*

Zubereitungszeit ca. 20 Min. (+ ca. 1 Std. Backzeit)

1. Backofen auf 180 °C (Umluft: 160 °C) vorheizen. Äpfel waschen, schälen, halbieren und Kerngehäuse entfernen.

2. Honig, Rosinen, Haselnüsse, Butter und Zimt vermischen und in die Äpfel füllen. In eine gefettete Form legen und ca. 40–60 Minuten im vorgeheizten Backofen backen.

3. Äpfel herausnehmen und in ein hohes Gefäß geben. Mit Zitronensaft und Rum beträufeln. Milch erhitzen und über die Bratäpfel gießen.

4. Mit einem Stabmixer schaumig mixen und auf 4 Longdrinkgläser verteilen. Je eine Kugel Vanilleeis in den Smoothie geben, nach Belieben noch etwas Honig darüberträufeln und genießen.

BANANEN-NUGAT-SMOOTHIE

Zutaten für 1 Portion

1 kleine Banane
125 ml Naturjoghurt
125 ml Milch
2 TL Nuss-Nugat-Creme
1 TL Honig
Schokostreusel

Zubereitungszeit ca. 5 Min.

1. Banane schälen und klein schneiden. Mit Joghurt, Milch, Nuss-Nugat-Creme und Honig in einem Mixer cremig mixen.

2. Bananen-Nugat-Smoothie in ein Longdrinkglas füllen, mit Schokostreuseln dekorieren und nach Belieben mit Eiswürfeln genießen.

INFO

Das in den Bananen enthaltene „Glückshormon" Serotonin sorgt für gute Laune. Die gelben Früchtchen sind zudem reich an Kalium, Magnesium und Vitamin B6. Zwar enthalten Bananen mit 88 Kilokalorien pro 100 Gramm relativ viele Kalorien, doch sie stecken prallvoll mit Ballaststoffen, machen lange satt und liefern durch den enthaltenen Fruchtzucker schnell Energie.

VANILLE-SMOOTHIE MIT MELONE

Zutaten für 4 Portionen

600 g Wassermelone
250 ml Milch
125 g Joghurt
2 Kugeln Vanilleeis
1 EL Puderzucker

Zubereitungszeit ca. 10 Min.

1. Melone halbieren, vierteln und Kerne entfernen. Fruchtfleisch von der Schale befreien und in Stücke schneiden.

2. Alle Zutaten in einen Mixer geben und auf höchster Stufe schaumig mixen. In gut gekühlte Gläser füllen und sofort genießen.

TIPP

Besonders schön sieht es aus, wenn Sie den Wassermelonen-Smoothie mit ein paar Melonenkugeln dekorieren. Das geht ganz einfach: Mit dem Kugelausstecher ein paar Kugeln aus dem Fruchtfleisch herausstechen, auf Holzspieße stecken und den Smoothie damit dekorieren.

BANANA-SPLIT-SMOOTHIE

Zutaten für 1 Portion

2 große Bananen
25 g Zartbitter-Schokolade
150 g Naturjoghurt
1 EL Ahornsirup oder Honig
100 ml Milch

Zubereitungszeit ca. 5 Min.

1. Bananen schälen und klein schneiden. Schokolade grob zerteilen.

2. Bananen, Schokolade, Joghurt sowie Ahornsirup oder Honig in einen Mixer geben und kräftig durchmixen. Milch zugießen und nochmals kurz mixen. Banana-Split-Smoothie mit einem Trinkhalm genießen.

JOGHURT-VANILLE-SMOOTHIE

Zutaten für 2 Portionen

1 Vanilleschote
25 g Zucker
300 g Naturjoghurt
200 ml Apfelsaft

Zubereitungszeit ca. 20 Min.

1. Vanilleschote aufschlitzen und Mark herauskratzen. Mark und Schote mit Zucker und 75 Milliliter Wasser in einem Topf aufkochen und abkühlen lassen. Vanilleschote herausnehmen.

2. Vanillemischung mit Joghurt und Apfelsaft kräftig mixen. Vanille-Smoothie in Gläser füllen, Eiswürfel zugeben und genießen.

TIPP

So bereiten Sie eine Vanilleschote perfekt vor: Halbieren Sie die Schote der Länge nach mit einem scharfen Messer. Kratzen Sie das Vanillemark mit dem Messerrücken aus beiden Hälften heraus und verwenden Sie es wie im Rezept angegeben.

Die Dos & Don'ts der Smoothies

Das Mischverhältnis

Idealerweise besteht ein Smoothie zu 50 Prozent aus Gemüse, 30 bis 40 Prozent aus Obst und der Rest wird mit Wasser aufgefüllt. Der herbe Geschmack des Gemüses ist allerdings gerade für Smoothie-Neulinge oft noch etwas ungewöhnlich. Tasten Sie sich daher langsam an das neue kulinarische Erlebnis heran und verarbeiten Sie anfangs ruhig etwas mehr Obst als Gemüse.

SCHOKO-ERDBEER-SMOOTHIE

Zutaten für 1 Portion

2 EL Kakaopulver, 250 ml Milch, 125 Erdbeeren, 1 Banane

Zubereitungszeit ca. 15 Min.

1. Kakaopulver mit Milch verrühren und in einem Topf erwärmen. Kurz abkühlen lassen.

2. Erdbeeren waschen, putzen und trocken tupfen. Banane schälen und klein schneiden. Alle Zutaten in einen Mixer geben, Eiswürfel zufügen und auf höchster Stufe mixen.

SOMMER-SMOOTHIE

Zutaten für 2 Portionen

300 g Erdbeeren, 1 Pck. Vanillezucker, 250 g Vanilleeis, 200 ml Milch, 50 g Sahne

Zubereitungszeit ca. 10 Min.

1. Erdbeeren waschen, putzen und trocken tupfen. Erdbeeren, Vanillezucker, Eis und Milch im Mixer fein pürieren. Sahne steif schlagen.

2. Sommer-Smoothie in Gläser füllen, mit Sahne dekorieren und genießen.

SCHOKO-KIRSCH-SMOOTHIE

Zutaten für 2 Portionen

2 EL Kakaopulver
½ Pck. Vanillezucker
300 ml Milch
250 g Kirschen (frisch oder TK-Produkt)
50 ml Orangensaft
2 Kugeln Schokoeis
Schokoladenraspel zum Dekorieren

Zubereitungszeit ca. 15 Min.

1. Kakaopulver mit Vanillezucker und 150 Milliliter Milch verrühren und in einem Topf erwärmen. Kurz abkühlen lassen.

2. Kirschen waschen und entsteinen bzw. gefroren verwenden. Mit Orangensaft im Mixer fein pürieren. Kakaomilch zugeben, restliche Milch und Schokoeis zufügen und alles kräftig durchmixen.

3. In hohe Gläser füllen, mit Schokoraspeln dekorieren und sofort servieren.

WHITE-CHOCOLATE-SMOOTHIE

Zutaten für 2 Portionen

150 ml Milch
30 g weiße Schokolade
6 Aprikosen
Crushed Ice

Zubereitungszeit ca. 15 Min. (+ ca. 3 Std. Kühlzeit)

1. Milch in einen Topf geben und erhitzen (nicht kochen!). Vom Herd nehmen und Schokolade darin unter Rühren auflösen. Abkühlen lassen, dabei ab und zu umrühren. Milch zugedeckt für ca. 3 Stunden kalt stellen.

2. Aprikosen kreuzweise einritzen, mit kochendem Wasser übergießen, kurz einwirken lassen. Schale und Steine mit einem scharfen Messer entfernen. Fruchtfleisch klein würfeln.

3. Aprikosen, Schokoladenmilch und Crushed Ice in einen Mixer geben und kurz auf höchster Stufe mixen. White-Chocolate-Smoothie in Gläser gießen und sofort servieren.

SPEKULATIUS-SMOOTHIE

Zutaten für 2 Portionen

75 g Spekulatius
100 g Sahne
1 TL Zucker
250 ml Milch
½ TL Lebkuchengewürz
2 Kugeln Mandel- oder Haselnusseis
5–6 Eiswürfel

Zubereitungszeit ca. 15 Min.

1. Spekulatius in einen Gefrierbeutel geben. Grob mit dem Nudelholz zerbröseln. Sahne mit Zucker steif schlagen.

2. Milch, Lebkuchengewürz, Eis und Eiswürfel in einen Mixer geben und auf höchster Stufe mixen. Jeweils zwei Drittel Spekulatius-Brösel sowie Sahne zufügen und nochmals mixen.

3. Spekulatius-Smoothie in Gläser füllen, mit der restlichen Sahne und den Spekulatius-Bröseln dekorieren und sofort servieren.

HASELNUSS-SCHOKO-SMOOTHIE

Zutaten für 2 Portionen

100 g Haselnüsse
50 g dunkle Schokolade und etwas geriebene Schokolade für die Dekoration
1 Banane, 150 g Vanilleeis, 200 ml Milch

Zubereitungszeit ca. 5 Min.

1. Haselnüsse und Schokolade im Mixer fein mahlen. Banane schälen, klein schneiden und mit in den Mixer geben. Milch zufügen und alles kräftig mixen. Vanilleeis kurz mitmixen.

2. In Gläser füllen und mit etwas geriebener Schokolade dekoriert servieren.

TIPP

Nüsse sind kleine Kraftpakete und beinhalten viele wertvolle Nährstoffe. Trotz ihres hohen Fettanteils ist die Haselnuss gesund und liefert neben Kalzium, Magnesium, Phosphor, Eisen und Zink noch jede Menge Vitamin E. Um die braune Haut zu entfernen, legen Sie frische Haselnüsse einfach für ca. 10 Minuten bei 200 Grad Celsius in den Backofen. Danach können Sie die Haut ganz leicht entfernen.

Saisonkalender

Gemüse/ Obst	Ernte- zeit	J	F	M	A	M	J	J	A	S	O	N	D
Ananas	ganzjährig	🛒	🛒	🛒	🛒	🛒	🛒	🛒	🛒	🛒	🛒	🛒	🛒
Äpfel	Aug–Okt								🛒	🛒	🛒		
Aprikosen	Jun–Aug						🛒	🛒	🛒				
Avocado	ganzjährig	🛒	🛒	🛒	🛒	🛒	🛒	🛒	🛒	🛒	🛒	🛒	🛒
Bananen	ganzjährig	🛒	🛒	🛒	🛒	🛒	🛒	🛒	🛒	🛒	🛒	🛒	🛒
Basilikum	Jul–Okt							🛒	🛒	🛒	🛒		
Birnen	Aug–Okt								🛒	🛒	🛒		
Blattsalat	Mai–Sep					🛒	🛒	🛒	🛒	🛒			
Blutorangen	Aug–Okt								🛒	🛒	🛒		
Brombeeren	Aug–Okt								🛒	🛒	🛒		
Chinakohl	Jun–Nov						🛒	🛒	🛒	🛒	🛒	🛒	
Datteln	Sep–Dez									🛒	🛒	🛒	🛒
Erdbeeren	Mai–Jul					🛒	🛒	🛒					
Feigen	Jul–Sep							🛒	🛒	🛒			
Feldsalat	Sep–Mär	🛒	🛒	🛒						🛒	🛒	🛒	🛒
Fenchel	Jul–Okt							🛒	🛒	🛒	🛒		
Granatäpfel	Sep–Nov									🛒	🛒	🛒	
Grapefruit	ganzjährig	🛒	🛒	🛒	🛒	🛒	🛒	🛒	🛒	🛒	🛒	🛒	🛒
Grünkohl	Nov–Feb	🛒	🛒									🛒	🛒
Heidelbeeren	Jun–Aug						🛒	🛒	🛒				
Himbeeren	Jul–Okt							🛒	🛒	🛒	🛒		
Johannisbeeren	Jun–Aug						🛒	🛒	🛒				
Jostabeeren	Jun–Aug						🛒	🛒	🛒				
Kaki	Okt–Feb	🛒	🛒								🛒	🛒	🛒
Kirschen	Jun–Aug						🛒	🛒	🛒				
Kiwi	ganzjährig	🛒	🛒	🛒	🛒	🛒	🛒	🛒	🛒	🛒	🛒	🛒	🛒

Gemüse/Obst	Ernte-zeit	J	F	M	A	M	J	J	A	S	O	N	D
Kohlrabi	Jul–Nov							✓	✓	✓	✓	✓	
Limetten	ganzjährig	✓	✓	✓	✓	✓	✓	✓	✓	✓	✓	✓	✓
Mandarinen	Sep–Apr	✓	✓	✓	✓					✓	✓	✓	✓
Mango	ganzjährig	✓	✓	✓	✓	✓	✓	✓	✓	✓	✓	✓	✓
Mangold	Jul–Nov							✓	✓	✓	✓	✓	
Melonen	Jul–Sep							✓	✓	✓			
Minze	Mai–Okt					✓	✓	✓	✓	✓	✓		
Möhren	Jun–Okt						✓	✓	✓	✓	✓		
Nektarinen	Jun–Sep						✓	✓	✓	✓			
Orangen	ganzjährig	✓	✓	✓	✓	✓	✓	✓	✓	✓	✓	✓	✓
Pak Choi	Jun–Nov						✓	✓	✓	✓	✓	✓	
Papaya	ganzjährig	✓	✓	✓	✓	✓	✓	✓	✓	✓	✓	✓	✓
Paprika	Jul–Sep							✓	✓	✓			
Peperoni	Jul–Sep							✓	✓	✓			
Pfirsiche	Jun–Sep						✓	✓	✓	✓			
Pflaumen	Jul–Sep							✓	✓	✓			
Physalis	ganzjährig	✓	✓	✓	✓	✓	✓	✓	✓	✓	✓	✓	✓
Rote Bete	Sep–Nov									✓	✓	✓	
Salatgurke	Jul–Okt							✓	✓	✓	✓		
Sauerkirschen	Jun–Aug						✓	✓	✓				
Schnittlauch	Jul–Nov							✓	✓	✓	✓	✓	
Spinat	Nov–Mär	✓	✓	✓								✓	✓
Stachelbeeren	Jun–Aug						✓	✓	✓				
Staudensellerie	Jul–Okt							✓	✓	✓	✓		
Tomaten	Jun–Okt						✓	✓	✓	✓	✓		
Weintrauben	Aug–Okt								✓	✓	✓		
Zitronen	ganzjährig	✓	✓	✓	✓	✓	✓	✓	✓	✓	✓	✓	✓
Zucchini	Jul–Okt							✓	✓	✓	✓		
Zwetschgen	Jul–Sep							✓	✓	✓			

REZEPTREGISTER

Bildnachweis

Alle Abbildungen von Shutterstock.com: 3 o. li., 18, 27 re., 114, 119 re., 127 u. li., 129 re. Sea Wave ; 3 o. re. Dani Vincek ; 3 Mi. li., 5 Lukas Gojda ; 3 Mi. re, 50, 79 li. DronG ; 3 u. li., 43 Dima Sobko ; 3 u. re., 29 o. re., 29 u. li., 73 u. li., 165 o. li. Leonardo da ; 6 George Dolgikh ; 11 o. li., 11 o. re., 16 o. re. Syda Productions ; 11 u. Lucky Business ; 15, 29 Mi. re, 59 li., 85, 165 o. re. Alena Haurylik ; 16 o. li. Yuliya Gontar ; 16 u. li. qoppi ; 16 u. re. 5PH ; 21Tatiana Bralnina ; 23 li., 133 li., 133 re. Valentyn Volkov ; 23 Mi. Lusie Lia ; 23 re. MOSO IMAGE ; 25 Severga ; 27 li. Pasko Maksim ; 29 o. li. Tatiana Mihaliova ; 29 Mi. li. bokan ; 29 u. re. CroMary ; 31, 121 vanillaechoes ; 33 li. Lukas Gojda ; 33 re. bitt24 ; 35 iuliia_n ; 37 li. gresei ; 37 Mi. Ortodox ; 37 re. Artyom Baranov ; 39, 113 Anna Shepulova ; 41 o. li. saschanti17 ; 41 o. re. JeniFoto ; 41 u. li. Sebastian Duda ; 41 u. re. DUSAN ZIDAR ; 45 pamuk ; 47 li. Jessmine ; 47 Mi. Goncharuk Maksim ; 47 re., 150 li., 159 Elena Veselova ; 49 Elena Shashkina ; 53, 65, 93 Mi. re., 149 Ekaterina Kondratova ; 55 li., 93 o. Mi., 93 Mi. li., 107 li. Africa Studio55 ; 55 Mi., 59 re., 97 li., 127 o. re. HandmadePictures ; 55 re. TTL media ; 57 Dani Vincek ; 59 Mi. li. K2 PhotoStudio ; 61 Roxiller13 ; 62 pilipphoto ; 63 o. li. B and E Dudzinscy ; 63 o. Mi., 93 u. re. mama_mia ; 63 o. re. SherSor ; 63 Mi. li. Natasha Breen ; 63 Mi. Mi. lzf ; 63 Mi. re. Svetlana Lukienko ; 63 u. li. NADKI ; 63 u. Mi. Kuttelvaserova Stuchelova ; 63 u. re. isak55 ; 67 Ana Bokan ; 69 li. Andi Berger ; 69 Mi. ffolas ; 69 re. Cat Act Art ; 71 nadianb ; 73 o. li. Leonid Shcheglov ; 73 o. re. NatashaPhoto ; 73 u. re. Nitr ; 75 li. lsantilli ; 75 re. thefoodphotographer ; 79 Mi. viennetta ; 79 re. Kuttelvaserova Stuchelova ; 81 Natalie_Barth ; 82, 97 re. Dream79 ; 87 li. Jag_cz ; 87 Mi. Subbotina Anna ; 87 re. wavebreakmedia ; 89 BonnieBC ; 91 li. Kostenko Maxim ; 91 Mi. inacio pires ; 91 re. Boumen Japet ; 92 li. Soyka ; 92 Mi. id-art ; 92 re. Scharfsinn ; 93 o. li. Paulo Vilela ; 93 o. re. matin ; 93 Mi. Mi. Quanthem ; 93 u. Mi. ringele ; 93 u. li. wk1003mike ; 95 stockcreations ; 99 yingko ; 101 li. Jfanchin ; 101 re. taro911 Photographer ; 103 Julia Metkalova ; 105 o. li, o. re., u. li., u. re., 141 VICUSCHKA ; 107 Mi. Brent Hofacker ; 107 re., 171 Mi. grafvision ; 109 Amallia Eka ; 111 li. lazyllama ; 111 Mi. margouillat photo ; 111 re. chanwangrong ; 117 Bon Appetit ; 119 li., 139 re. Dionisvera ; 119 Mi., 135 u. re. Kazyavka ; 123 Dario Vuksanovic ; 125 Elina Manninen ; 126 Alliance ; 127 o. li. Looker_Studio ; 127 Mi. li. Khomkrit Phonsai ; 127 Mi. re. joannawnuk ; 127 u. re. Guiyuan Chan ; 129 li. Aksenya ; 129 Mi. leonori ; 131 Severga ; 135 o. li. Ewais ; 135 o- re. PS Prometheus ; 135 u. li. Malivan_Iuliia ; 137 Lecic ; 139 li. Lavinia Bordea ; 139 Mi. natashamam ; 142 Mi., 161 Mi., 167 re. Liliya Kandrashevich ; 143 li. Capture Collect ; 143 re. graletta ; 145 Barbara Neveu ; 146, 171 re. Olena Kaminetska ; 151 re. Christian Jung ; 153 Malyugin ; 155 o. li. dinozzaver ; 155 o. re. iravgustin ; 155 u. li. racorn ; 155 u. re. Doris Heinrichs ; 157 li. 5 second Studio ; 157 Mi. Yulia Davidovich ; 157 re. kuvona ; 161 li. avs ; 161 re. bitt24 ; 163 verca ; 165 u. li. Stuart Miles ; 165 u. re. wavebreakmedia ; 167 li. Gtranquillity ; 167 Mi. Boule ; 169 istetiana ; 171 li. Ivan Volozhanin; Cover: 5PH; Abbildung von Wirths PR: 77

Impressum

Alle Informationen in diesem Buch wurden mit größter Sorgfalt erarbeitet und geprüft. Weder Herausgeber, Autor noch Verlag können jedoch für Schäden haftbar gemacht werden, die in Zusammenhang mit der Verwendung dieses Buches stehen.

© Copyrigh 2016 vivo buch UG (haftungsbeschränkt), Benzstraße 56, 71272 Renningen

www.vivo-buch.de

ISBN 978-3-945623-13-8

Komplettproducing: twinbooks, München
Text und Lektorat: Linda Freutel, Jana Lösch, Eva Hutter für twinbooks, München